发展型产业政策

演化的国际比较与理论逻辑

闫振坤 著

中山大学出版社
SUN YAT-SEN UNIVERSITY PRESS
·广州·

版权所有　翻印必究

图书在版编目（CIP）数据

发展型产业政策演化的国际比较与理论逻辑/闫振坤著. —广州：中山大学出版社，2019.12

ISBN 978 - 7 - 306 - 06746 - 3

Ⅰ. ①发… Ⅱ. ①闫… Ⅲ. ①产业政策—对比研究—世界 Ⅳ. ①F113.1

中国版本图书馆 CIP 数据核字（2019）第 240989 号

FAZHANXING CHANYE ZHENGCE YANHUA DE GUOJI BIJIAO YU LILUN LUOJI

出 版 人：	王天琪
策划编辑：	王旭红
责任编辑：	王旭红　李昭莹
封面设计：	曾　婷
责任校对：	王　燕
责任技编：	何雅涛
出版发行：	中山大学出版社
电　　话：	编辑部 020 - 84110771，84113349，84111997，84110779
	发行部 020 - 84111998，84111981，84111160
地　　址：	广州市新港西路 135 号
邮　　编：	510275　传　真：020 - 84036565
网　　址：	http://www.zsup.com.cn　E-mail: zdcbs@mail.sysu.edu.cn
印 刷 者：	佛山市浩文彩色印刷有限公司
规　　格：	787mm×1092mm　1/16　12.875 印张　192 千字
版次印次：	2019 年 12 月第 1 版　2019 年 12 月第 1 次印刷
定　　价：	49.00 元

如发现本书因印装质量影响阅读，请与出版社发行部联系调换

特 别 鸣 谢

本书的出版得到国家自然科学基金青年项目"技术、偏好共同演化下的产业政策动态调适机理研究"（71804100）、山西省科技厅软科学项目"山西省科技引领产业转型升级的机制与对策研究：基于'双链'融合的视角"（2018041053-4）、山西省哲学社会科学项目"欠发达地区经济转型困境及其破解对策研究"（2019B150）、山西省高等学校哲学社会科学研究项目"促进山西制造迈向中高端的产业政策设计机理研究"（201803019）、山西财经大学青年教师资助项目"中国产业政策转型的制度困境及其破解路径研究：基于演化博弈的视角"（2018017）的资助。

序言：产业发展的两种力量

很长时间里，经济学理论界对于是否应该有产业政策争论不休，因为两种现象同时存在：不出台任何具体产业政策的美国和一些西欧资深发达国家，它们的经济增长成就毋庸置疑，国民享有的物质财富水平，即便是新兴的工业化经济体也难以望其项背。这几乎使经济学界可以得出一致的认识性结论：经济成长过程中的产业发展及其结构升级根本不需要产业政策。但有意思的是，世界产业发展路径在东亚国家这里转了一个弯，日本和其后一些国家和地区在经济振兴过程中走了一条与先行者不完全相同的路径——它们选择了产业政策。这些国家和地区在产业起飞的时段上相近，均在20世纪中叶前后，以东亚地区的日本和"亚洲四小龙"为代表，这些经济体在产业成长速度上，令它们的先行者们都惊叹！它们获得与欧美国家相同的财富增长所花的时间大大缩短。比如，日本只用半个世纪的时间便实现了欧美花了一个世纪才达到的经济增长，而且时间缩短的趋势还在继续；"亚洲四小龙"所花的时间又比日本少了20年；等等。

到这里，人们自然要问：是什么原因使日本等经济体放弃了照搬西方的产业发展模式，在发展道路上另辟蹊径？要知道，这样的路径选择是有极大风险的。对于这一问题，至今仍没有令人信服的研究，一些理论学家和政策工作者们甚至把它看成既定。我不对此做全面探究，大概地来看，文化上的原因不可忽略，但仅有之，对于解释经济决策显然严重缺乏说服力。我认为，这些国家和地区发展的时间成本是主要原因，即当人们赋予发展时间成本的值极大时，发展所花的时间长短就变得极其重要。在这样的认识里，人们渴望"一蹴而就"，这是产生超常规发展方式的根本逻辑。回顾过去 100 多年时间的世界经济发展史，崇尚政府无为而治的自由经济，遵循市场竞争与演进规律，产业发展、产业选择是一个完全的市场过程，政策里没有主导产业、支柱产业的理念。因此，西方产业经济理论界不论是通过历史的分析，还是对国家间现实表现的归纳，都得出了普遍的结论。这个结论就是：市场需求及其变化是产业发展和结构演进的基本原因和根本动力。西方经济学家们对这样的结论深信不疑，以至于他们在研究产业结构变化时，用的词汇是"结构演进"而非其他。要知道，我们这里惯用的却是"调整产业结构"，或者"促进产业结构升级"，这细微的差别体现了发展理念、主张及背后的理论体系的巨大不同，"演进"遵从市场内在机制，而"调整"强调市场外的政府力量。

再说为何后起经济体对发展所花的时间如此看重。因为它们前面有产业发展的"英美诱惑"，必须尽快赶上他们，让国民享受英美式的高水平物质生活。而作为工业革命发源地的英国和作为现代产业引领者的美国，却不曾有这样的目标参照，对于发展所花的时间长短没有如此看重，所以，在自由主义的导向下，市场力量决定产业发展的机制与主张，路径就形成了。日本、韩国、中国台湾、新加坡等区域在看到市场机制推进产业结构变化的时间需求后，探寻到了缩短发展时间之道，这便是在市场力量基础上加入政府力量，获得发展的时间效率。东亚这几个经济体的成就成为政府力量加速产业结构变迁的重要证据，也引起了世界关于政府、市场与产业的理论分野。

我们的产业发展和结构变迁路径与西方发达经济体有很大的不同，与借助政府力量的东亚路径也有不小差别。与英美路径的差别不用赘述，那么与东亚发达经济体的路径又有什么不同呢？

最大的不同在于产业发展机制的变革方向差异，我们的产业发展机制变革与东亚发达经济体相向而行，在完全政府力量基础上加入市场力量，而东亚发达经济体是在市场力量基础上加入政府力量。两者的最好状态相同，即市场配置效率和政府时间效率的最优结合。但是，现实与这一状态差距很远，在市场与政府间，经常出现过多使用政府力量的惯性，引起产业发展与结构转变由市场方式向政府方式的逆转，常见"拔苗助长"的失败。这样的失败不仅牺牲了市场力量的配置效率，也丢失了政府力量的时间效率。

两种力量的组合需要策略与技巧，完美的结合能够产生超越预期的发展力量，实现这些之前需要理论与主张的存在，对此问题的系统研究至今依然非常不足。这是闫振坤这部著作《发展型产业政策演化的国际比较与理论逻辑》的出发点。

《发展型产业政策演化的国际比较与理论逻辑》从产业政策历史演化出发，比较发达经济体在崛起进程中的产业政策和实施效果，从演化角度分析"发展型产业政策"演化规律及其内在机理，而对中国产业发展问题的研究，则侧重中华人民共和国成立以来的产业政策实践。

在我看来，《发展型产业政策演化的国际比较与理论逻辑》清楚回答了产业发展中政策的作用和政策为何发生改变、如何改变三个问题，可以列举出以下三个方面的学术努力与价值。

第一，从宽视角的国际样本角度找到"发展型产业政策"这一共性概念，厘清"什么是产业政策"这一基本问题。尽管众多已有研究都从产业政策的表现形式角度界定了"产业政策"概念，但大多数研究并没有关注到一个国家在不同发展阶段产业政策的动态性、异质性特征。正是基于对产业政策动态演化本质的深刻认识，本书作者从经济思想史的大视野中汲取养料，研究一个国家在赶超过程中的产业政策演化规律。

第二，构建了分析发展型产业政策生发、演化与转型的理论框架，并以此研究发展型产业政策演化的内生动力机制，提出发展型产业政策的演化是制度选择机制、利益博弈机制和技术市场反馈机制三种机制共同作用的结果。在发展型产业政策生发阶段，市场制度与产业政策制度安排的成本比较、政府与市场利益博弈的均衡和技术赶超目标的单一性共同促成了发展型产业政策的生发。在发展型产业政策演化阶段，市场制度与产业政策制度安排的成本变化、政府与市场利益博弈的均衡调整和技术赶超目标的不确定性诱发了发展型产业政策的动态调适与变化转型。毫无疑问，将产业政策理解深化为一种特殊的制度安排和利益均衡机制，并将技术和市场的外生影响纳入解释框架，这相较现有产业政策的研究文献显然具有创新价值。

第三，对于中国的产业政策，提出了"中国产业政策具有内生性"和"中国产业政策演化面临三重悖论"的观点。"中国产业政策具有内生性"的观点认为，与其他国家产业政策实施的经济基础不同，中国独特的经济制度以及客观上形成的地方政府竞争模式下的经济增长方式是中国式产业政策萌生的基本"土壤"。

当然，一些观点还需要进一步的严密论证，有些观点还值得商榷。比如，在产业政策土壤培植下，产业政策已经成为与中国经济增长模式和经济运行制度深刻捆绑的内生制度安排。在这种制度安排下，中国式产业政策根本不可能存在退出的可能。又比如，书中的"中国产业政策演化面临三重悖论"观点认为，限于制度选择机制、利益博弈机制和技术市场反馈机制三种机制的影响，中国产业政策既存在转型的强大动力，又面临巨大的阻力。其中，中央政府在产业政策中的作用悖论、产业政策的效应悖论以及产业政策转型的制度约束悖论构成了中国式产业政策演化的三重障碍，等等。

六年多前，闫振坤开始攻读经济学博士学位时就展现出了对产业发展问题的浓厚兴趣；其后，他选择了以产业政策为研究方向。如今，我欣慰地看到了他的成果和在学术上的长足进步，看到了他践行我一直主张的经济学研究"实证主义"方法论的成效！这与他的成长经历有关：他在攻读博士学位前就从事过产业运行监测和政府咨询工作，攻读博士学位期间又直接参与不少政府产业政策研究课题，大量的咨询实践塑造出他对产业政策及其效果的体会，进而形成对产业发展问题的敏锐捕捉能力。期待他在产业政策理论与实践领域研究的坚持，期待他为产业政策理论进步做出自己独特的贡献。

深圳大学中国经济特区研究中心副主任、教授
袁易明
2019 年 10 月 16 日

目　　录

第一章　导论 ……………………………………………………… 1
　第一节　选题的缘由：中国产业政策的现实谜题 …………… 1
　第二节　研究的意义 …………………………………………… 3
　　一、理论意义 ………………………………………………… 4
　　二、现实意义 ………………………………………………… 5
　第三节　对主要概念的界定 …………………………………… 6
　　一、产业政策 ………………………………………………… 6
　　二、发展主义和发展型国家 ………………………………… 8
　　三、发展型产业政策 ………………………………………… 11
　　四、演化经济学 ……………………………………………… 13
　第四节　研究思路、方法与技术路径 ………………………… 15
　　一、研究思路 ………………………………………………… 15
　　二、研究方法 ………………………………………………… 15
　　三、技术路径 ………………………………………………… 16
　第五节　写作难点与可能的创新点 …………………………… 19
　　一、写作难点 ………………………………………………… 19
　　二、可能的创新点 …………………………………………… 19

第二章　产业政策的理论溯源与演进脉络 …………………… 22
　第一节　产业政策思想演进的基本脉络 ……………………… 22
　　一、重商主义时期的产业政策思想 ………………………… 22
　　二、古典主义时期的产业政策思想 ………………………… 23

三、战后日本产业政策的理论与实践 …………………… 25
　第二节　对产业政策分析的不同理论视角 ………………………… 27
　　一、自由市场理论视角下的产业政策分析 ………………… 27
　　二、供给理论视角下的产业政策 …………………………… 28
　　三、公共选择理论视角下的产业政策 ……………………… 31
　　四、信息经济学视角下的产业政策 ………………………… 32
　　五、新结构主义经济学视角下的产业政策 ………………… 34
　第三节　国内外产业政策研究文献述评 …………………………… 35
　　一、产业政策的国际比较 …………………………………… 36
　　二、产业政策的绩效评价 …………………………………… 39
　　三、产业政策的制定与实施 ………………………………… 42
　　四、发展型产业政策的分析 ………………………………… 44
　小结 …………………………………………………………………… 47

第三章　不同历史情境下的发展型产业政策 …………………………… 49
　第一节　李斯特时代的欧美发展型产业政策 ……………………… 49
　　一、欧美发展型产业政策形成的背景 ……………………… 50
　　二、欧美发展型产业政策的表现 …………………………… 51
　　三、欧美发展型产业政策的效果 …………………………… 52
　　四、欧美发展型产业政策的评价 …………………………… 57
　第二节　普雷维什时代的拉美发展型产业政策 …………………… 60
　　一、拉美发展型产业政策形成的背景 ……………………… 60
　　二、拉美发展型产业政策的表现 …………………………… 61
　　三、拉美发展型产业政策的效果 …………………………… 62
　　四、拉美发展型产业政策的评价 …………………………… 67
　第三节　20世纪40年代以后的东亚发展型产业政策 …………… 71
　　一、东亚发展型产业政策形成的背景 ……………………… 72
　　二、东亚发展型产业政策的表现 …………………………… 72
　　三、东亚发展型产业政策的效果 …………………………… 74
　　四、东亚发展型产业政策的评价 …………………………… 82
　小结 …………………………………………………………………… 83

第四章 发展型产业政策的国际比较 …… 84
第一节 三类发展型产业政策的共同点 …… 84
一、政府性质的共同点 …… 84
二、指导理论的共同点 …… 85
三、实施绩效的共同点 …… 85
四、演化过程的共同点 …… 86
五、实施成本的共同点 …… 87
第二节 三类发展型产业政策的不同点 …… 88
一、起点和发展环境的差异 …… 88
二、政府干预程度的差异 …… 89
三、产业规模效应的差异 …… 90
四、产业结构效应的差异 …… 96
五、产业创新效应的差异 …… 99
第三节 发展型产业政策国际比较的启示 …… 101
一、产业政策是后起国家赶超先进国家的有效手段 …… 101
二、比较优势作为产业政策制定的出发点条件并不充分 …… 103
三、产业发展战略好坏是决定产业政策成败的重要因素 …… 103
四、发展型产业政策与创新之间并无严格的线性关系 …… 104
五、发展型产业政策绩效的持续发挥须满足发展理性与政府能力双重条件 …… 104
六、任何一种发展型产业政策都会带来市场机制的扭曲 …… 106
小结 …… 108

第五章 发展型产业政策的制度演化逻辑 …… 109
第一节 发展产业的两种制度选择 …… 109
一、市场制度 …… 110
二、发展型产业政策所形成的制度 …… 111

第二节　发展型产业政策的制度成本……………………… 112
　　一、制度成本的构成……………………………………… 112
　　二、制度选择中的利益集团……………………………… 115
第三节　发展型产业政策制度的形成……………………… 115
　　一、发展型国家起步初期的产业政策进化博弈………… 116
　　二、发展型国家起步初期博弈均衡形成的稳定性
　　　　讨论…………………………………………………… 119
第四节　发展型产业政策的制度演化……………………… 121
　　一、发展型产业政策制度演化的内在矛盾与演化
　　　　趋向…………………………………………………… 121
　　二、发展型产业政策演化的制度陷阱…………………… 123
　　三、日本产业政策演化的一个例证……………………… 125
小结…………………………………………………………… 127

第六章　发展型产业政策的效应演化逻辑………………… 128
　第一节　发展型产业政策效应演化的一般分析…………… 128
　　一、基础模型……………………………………………… 129
　　二、效应分析……………………………………………… 132
　　三、几点说明……………………………………………… 134
　第二节　创新对发展型产业政策效应演化的影响………… 135
　　一、发展型产业政策演化过程中创新阶段的转换……… 135
　　二、发展型产业政策演化的创新约束…………………… 138
小结…………………………………………………………… 139

第七章　发展型产业政策演化逻辑的实证检验…………… 140
　第一节　模型、变量说明及数据来源……………………… 140
　　一、计量模型设定………………………………………… 140
　　二、变量说明……………………………………………… 141
　　三、数据来源……………………………………………… 141
　第二节　总体检验…………………………………………… 143
　　一、计量过程与模型选择………………………………… 144

二、计量结论分析·· 145
第三节　分国家类型检验······································· 146
一、计量过程与模型选择······································ 146
二、计量结果分析·· 150
小结·· 153

第八章　发展型产业政策的转型及对中国产业政策的分析········ 154
第一节　发展型产业政策转型的理论逻辑····················· 154
一、发展型产业政策转型的内涵与必然性···················· 154
二、发展型产业政策转型的条件······························ 157
三、发展型产业政策转型的方式选择和主要结果············ 158
第二节　发展型产业政策演化理论对中国的启示·············· 160
一、中国产业政策的独特性···································· 160
二、中国产业政策的效果评价································· 163
三、中国产业政策的演化悖论································· 169
四、发展型产业政策转型理论对中国产业政策的
　　启示·· 170
小结·· 172

第九章　结论与研究展望·· 174
第一节　主要结论·· 174
第二节　对发展型国家的启示································· 177
第三节　进一步研究的方向···································· 178

参考文献·· 181

后记··· 191

第一章 导 论

产业政策是各国在参与全球经济竞争过程中政府运用得最广泛的手段。全球经济史的发展历程是一部全球经济演进和各国赶超发展的竞争史，本质上是不同时期产业政策制定的思想史和各种产业政策思想推广应用的实践史。相对于单一时期纵向剖面的实证解读，或对单一时期处于不同发展阶段的国家进行横向对比，从产业政策演进史的国际比较维度提炼产业政策发展的规律显然更有历史与理论维度的深刻性。知名经济学家约瑟夫·熊彼特（1996：92）曾言，"如果一个人不掌握历史事实，不具备适当的历史感或所谓历史经验，他就不可能指望理解任何时代（包括当前）的经济现象"。美国著名政治学家和社会学家立普赛特也曾说过，"只懂得一个国家的人，他实际上什么国家都不懂（Those who only know one country know no country.）"（转引自钱颖一，2017：7）。本书尝试从国际产业政策演化比较的视角出发，以处于赶超阶段的发展型国家为研究对象，分析单一国家产业政策实施的经验和教训；从历史演化的维度寻找产业政策演进的基本轨迹和一般性理论解释，并力图对当前中国产业政策的制定与实施路径提出理论导引方向。

第一节 选题的缘由：中国产业政策的现实谜题

产业政策在经济领域的研究对中国及广大发展中国家，甚至发达国家，都具有重要的理论研究价值。美国著名经济学家、"东亚模式之父"查默斯·约翰逊（1984：5）甚至认为，作为一个政策体系，产业政策是经济政策三角形的第三条边，它是对货币政策和财政政策的补充。日本产业政策模式的开启者、通产省大臣定则山中认为，产业政策是国家经济发展的基石，尽管各国赋予其不同的名称和内容，然而各国都实践着各种各样的产业政策（转引自周振华，1991：17）。

在中国，对产业政策的理论研究相较于一般发展中国家具有更为强烈的现实需求。从1989年中国颁布第一个具有明确指导意义的产业政策文件——《国务院关于当前产业政策要点的决定》至今（2019年），产业政策已经走过了30个年头。在这30年间，中国的市场经济体制逐步建立，经济发展实力和产业结构快速提升。在这30年间，产业政策对中国诸多产业发挥的引导作用不可小觑，但产业政策本身在这30年间诱发的矛盾和问题也日趋凸显。尤其是2009年以后，为应对全球金融危机出台的经济刺激政策引起争议，产业政策实施被诟病，加上有人提出的"政府干预经济问题""政策实施的成本问题""政策制定过程中面临的信息搜集问题"等，直接将产业政策推向了转型调整的岔路口。究竟新时期的中国经济发展需不需要产业政策或者需要什么样的产业政策？指导产业政策制定、调整、转型的理论基础到底是什么？这些有关新时期产业政策转型的基础性问题有必要在理论层面得到较为深刻的回答。遗憾的是，目前学术界探讨产业政策的理论成果虽多，但理论视角繁杂，目前似乎已经形成"一千个学者眼中有一千个哈姆雷特"的问题。从国际上众多国家的产业政策实践中找到一个具有普遍解释意义的理论框架是值得期许的。

值得关注的是，2016年8月以来，一场由中国两位知名经济学家林毅夫和张维迎发起的学术论战将产业政策何去何从的理论问题讨论推向了新的高度。在这场引发社会公众广泛探讨的论战中，产业政策的有效性和存废问题成为这场论战的主要焦点。围绕产业政策存废问题，林毅夫、张维迎（2017：1-5）在与产业政策相关的"政府失灵还是市场失灵""有限政府还是有为政府"等众多问题上展开了激烈的交锋。林毅夫和张维迎的争论凸显了中国当前经济转型背景下产业政策问题研究的极端重要性，但这并不意味着产业政策是一个新的理论问题或国际上从来没有对产业政策相关问题进行过讨论。事实上，无论是张维迎倡导的产业政策新自由主义分析范式，还是林毅夫倡导的新发展主义分析范式，在国际经济学界都早有讨论或有鲜明的学术印记。相反，近年来在国际上分析产业政策，影响逐步扩大的张夏准、阿吉翁、罗德里克、大野健一甚至诺贝尔奖获得者梯若尔均未得到国内研究的重视。恰如吴敬琏（2016a）在评述林毅夫和张维迎的这场学术争论中所言，当前的产业政策问题争论存在两点不足：一是没有在过去几十年国际经济学界的研究成果的基础上做进一步的讨论；二是没有对国际上执行产业政策的国家（尤其是日本）的经验和教训进行深刻总结。

从历史的维度来看，中国的产业政策不是独立的，而是国际产业政策实践史尤其是发展型国家产业政策的组成部分。然而，综观以赶超为主要目的的发展型国家，其产业政策的形式多种多样，产业政策的效果千差万别。即使在典型的发展型国家之中，成功和失败的案例也同时存在，甚至在同一国家同一时期，产业政策在不同产业实施的效果也可能存在显著差异。中国是典型的发展型国家，将中国的产业政策放在国际发展型产业政策的历史坐标下考量，究竟这种以政府为主导的产业政策模式运行有何规律？在不同时期，为什么有的发展型产业政策取得了良好的效果，而有的发展型产业政策却让发展型国家最终陷入增长迷失的泥潭？发展型产业政策生发、演化和转型的内在机理何在？没有对上述问题的深刻分析，就很难判断当前中国的产业政策处于一个什么样的发展阶段，未来趋势是什么，我们如何设计产业政策才能避免失败，而回答这些问题正是撰写本书的初衷。

第二节　研究的意义

不同国家在不同阶段总会出台形式各异的产业政策。传统产业政策理论将产业政策的理论依据建基于市场失灵上，然而提炼各国产业政策实践的内容，会发现这些国家实践产业政策大多以发展和赶超为

发展型产业政策演化的国际比较与理论逻辑

目的,而发展和赶超的首要动力源于不同国家之间的市场竞争。英国著名思想家汤因比在《历史研究》中提出"挑战与应战"的文明互动模式,指出每个文明的生存和成长取决于对各种挑战的应战(转引自刘晨,2008:7-8)。相较于一般文明的生存和成长模式,产业政策也是国家应对全球市场竞争挑战的一种"应战"工具。在本书中,我们重点研究在产业发展层面"应战"全球产业竞争,同时又充分发挥政府与市场积极作用的发展型产业政策形态。在当前背景下,研究发展型产业政策的理论和现实意义主要体现在如下方面。

一、理论意义

第一,有利于理解和解释世界各国形式各异的产业政策。综观世界上众多国家的经济史演进历程,不同国家在不同时期总有形式各异的产业政策相伴。一般经济学理论将市场失灵作为产业政策实施的理论依据。然而对于任何一个刚刚起步或在全球产业竞争中处于劣势地位的经济体而言,如何加快发展或实现赶超是其制定产业政策的直接目的,这种目的不以市场机制的发育程度为依据,而仅仅是处于后发阶段的发展型国家赶超先进国家的本能诉求,是任何一个有责任、有担当的政府的自发行为。从发展主义的角度来看,世界各国形式各异的产业政策首先建基于这种发展本能理论,这是厘清当前世界各国形式各异产业政策模式的关键。根据一个国家的产业发展秉承发展主义还是调节主义,便可将世界各国形式各异的产业政策区分为泾渭分明的两种形式——发展型产业政策和调节型产业政策[①]。只有以此角度来审视,世界上各种纷繁复杂的产业政策现象才能够得到较为系统的解释。

第二,有利于总结和提炼产业政策发展演进的理论逻辑。从时间维度来看,即使是发展型产业政策,其产业政策的基本形式和发展模

---

① 在《通产省与日本奇迹——产业政策的成长(1925—1975)》一书中,作者查默斯·约翰逊将国家进一步划分为发展型国家和调节型国家,并将发展型国家的产业政策定义为发展型产业政策,调节型国家的产业政策定义为调节型产业政策。

式也是会随着经济发展阶段的演进而改变的。综观世界上发展型国家的历史演进进程，欧洲的德国以及北美洲的美国都是世界上最早的发展型国家，然后是盛极一时的拉美发展型国家模式，最后是以日韩为代表的东亚发展型国家模式。每一种模式演进的背后都有一种特定的思想理论支撑，每一种模式的演进都会成就一些比较成功的发展型国家。显然，如果将不同时期所有的产业政策仅仅用市场失灵来解释，得到的结论必然是浅薄的。理想的产业政策研究更应该关注不同国家实施产业政策的历史条件和实施这种产业政策的内在根源，然后对这种产业政策实施的影响及效果进行综合分析，这样才能真正提炼出产业政策的内在精髓并形成理论，真正用于指导各国产业发展实践。

二、现实意义

第一，有利于为发展中国家制定产业政策提供理论指导。发展中国家和发展型国家虽然仅有一字之差，但涵盖的范围迥异。一般而言，发展型国家的起步阶段都是发展中国家，但发展型国家相对于发展中国家来说，显著地打上了政府主导的烙印，政府在产业领域的干预强度更大、干预范围更广。而发展中国家可以是发展型国家，也可以是政府力量较小、政府不足以干预市场基础的调节型国家。综观经济发展的历史进程，转型成功的发展中国家大多是发展型国家，而发展型国家无论转型的效果如何，都和产业政策紧密相连。也就是说，发展型国家的自身性质决定了产业政策必定会成为发展型国家发展经济的一个重要组成部分。系统地剖析发展型产业政策的理论逻辑，阐明不同类型发展型产业政策的基本效应，有利于发展中国家在赶超发达国家的同时，批判、借鉴发展型国家的经验，进而为加快发展中国家的产业发展提供理论支持。

第二，有利于客观看待新时期中国产业政策演进所处的阶段及调整转型的方向。作为中国宏观经济调控的重要手段，产业政策一直都是政府调控经济增长和优化产业结构的重要手段。正式意义上的产业政策在中国实施至今（2019年），学术界对其实施的效果褒贬不一。有人认为产业政策就是"穿着马甲"的计划经济，也有人认为产业政策是中国保持30多年持续经济增长的重要法宝。2008年全球金融危机以来，中国曾因大规模实施产业政策而备受诟病。党的十八大以来，针对新时期供给侧改革的战略需要，中央提出"宏观政策要稳、产业政策要准"的基本方针，并将产业政策作为实施供给侧改革的重要组成部分。相对一般发展中国家的经济发展模式，中国公有制体制的特殊地位和强大的资源掌控能力，在某种程度上决定了中国的产业政策实施起来力度更强、覆盖范围更广。在产业政策本身充满争议的背景下，要厘清中国到底是否需要产业政策或者需要什么样的产业政策，必须要深刻研析产业政策演进的本质逻辑。本书在前人的基础上从发展主义的角度对产业政策理论做进一步探索，以期为上述问题的解释提供理论依据，同时也为新时期中国产业政策的演化分析建立理论框架。

第三节　对主要概念的界定

诸多学术争论表明，对产业政策的概念界定不一或研究视角有所差异会影响产业政策讨论的方向与结论，因此在开篇有必要对本书出现的主要概念做相关解释。

一、产业政策

综观现有产业政策研究的主要文献，对产业政策界定的视角大致可以分为以下六种：一是从宏观角度考虑，将产业政策看作是政府所有关于促进产业发展的政策总和，典型的如阿拉格（1985：132）、下河边淳和管家茂（1982：3）等；二是从供给管理角度考虑，将产业政策认定为能使供给结构有效地适应需求结构要求的政策措施，典型的如金明善（1988：10）等；三是从政府与市场关系的角度考虑，将产业政策认定为弥补市场缺陷的政策，即当市场调节机制发生障碍时，由政府采取一系列补救的政策措施，典型的如小宫隆太郎（1988：264）等；四是从国际竞争力角度考虑，认为产业政策就是

第一章
导论

为了加强本国产品的国际竞争力的政策，典型的如查默斯·约翰逊（1984：5）等；五是从产业赶超政策角度考虑，将产业政策定义为工业后发国家为赶超工业先进国家而采取的政策总和，典型的如周叔莲（1990：37）等；六是从计划的角度考虑，认为产业政策就是计划，就是政府对未来产业结构变动方向的干预，典型的如周叔莲、裴叔平、陈树勋（1990：39）等。

2016年8月，在国内那场旷日持久的"产业政策"争论中，林毅夫和张维迎对产业政策的理解也较具典型性。林毅夫认为，凡是为了促进某种产业在该国或该地区发展而有意识地实施的政策措施都是产业政策，包括关税和贸易保护政策、税收优惠等（转引自吴敬琏，2016b：163）；张维迎认为，产业政策是政府出于经济发展或其他目的，对私人产品生产领域进行的选择性干预和歧视性对待，其手段包括市场准入限制、投资规模控制等（转引自吴敬琏，2016b：174）。

产业政策的定义繁多，不同定义背后隐含着对政府行为及其目的的不同假设。从界定范围来看，产业政策有广义和狭义之分。从宏观角度认定产业政策是一切促进产业发展的政策总和，是一种典型的广义定义。相较而言，从供给管理、政府与市场关系、国际竞争力等角度，将产业政策的概念局限于基于某一目的而制定政策的行为总和，其界定范围显然小于从宏观角度界定的范围。

任何行为的实施都包含目的和工具两个基本要素。基于供给管理、政府与市场关系、国际竞争力等角度的产业政策定义，甚至包括林毅夫的产业政策定义，显然都是出于目的性的界定。产业政策在实施过程中必然伴随着对原有市场秩序的一定扭曲，造成市场扭曲的政策手段总和可以界定为产业政策的工具性。从此角度来看，以张维迎为代表的产业政策定义，以及认定产业政策就是计划的说法很明显主要是基于产业政策工具性的考量。

区分产业政策的目的性和工具性的意义主要在于为审视产业政策提供角度。一项为了某种目的而实施的产业政策可能包括多种政策手段，即政策工具具有多样性。这些工具在实施过程中可能有些成功、有些失败，但如果产业政策制定的总体目标成功了，那我们就可以认定产业政策的制定是具有一定效果的。基于产业政策的目的性，我们可以对产业政策实施的成本与总体收益进行综合评估。显然，产业政策工具的失败所造成的损失将是产业政策显性成本的重要组成部分。相反，如果不对产业政策的目的性和工具性加以区分，将产业政策实施过程中的补贴政策行为看成产业政策的目的本身，或者仅仅分析产业政策造成的资源错配等一些具体环节，那么这种行为在本质上已经扭曲了产业政策的原意，将产业政策的某些工具性看成产业政策的全部，这显然是片面的。

基于行为目的性与工具性的考量，本书将产业政策定义为出于产业战略发展目的，由政府所实施的政策总称。其中，产业战略发展既可以是为了实现产业发展的赶超，也可以是为了满足提升产业竞争力的基本需求。显然，即使对于最先进的国家而言，其产业也不可能均处于世界产业格局的领先地位，其必然是由相对落后的产业和前沿领先的产业组成。为了产业战略发展的目标而实施的政策总和，是对产业政策较为宽泛的认识。这种定义也意味着，每个国家只要为了产业发展推行某些举措，就都会使用产业政策。

二、发展主义和发展型国家

要理解发展型产业政策，首先要明晰发展主义和发展型国家的内涵。发展主义最早见诸以阿根廷经济学家劳尔·普雷维什为代表的拉丁美洲经济委员会关于拉丁美洲和其他发展中国家经济发展的主张，其核心论题是"外围"国家如何通过发展摆脱对"中心"国家的经济依赖。

随着发展主义讨论的日趋深入，在现代经济学语境中，发展主义的概念已扩展为将发展作为国家首要目标的发展观。而对这种发展主义理念的论述最早可以追溯至德国李斯特的国家发展主义理念。1841年，李斯特在批判传统政治经济体系的基础上，系统阐述了其以国家和生产力为核心的经济学理论。在其出版的《政治经济学的国民体系》中，李斯特提出了落后国家如何保护幼稚工业和如何发展生产力的崭新命题。从发展的基本主张来看，李斯特发展主义和普雷维什发展主义的共同点在于，以后发国家如何通过发展缩小与先进国家的

第一章

导论

差距为主要论题,其理论的落脚点均是实现发展这个首要目标。

李斯特时期的欧美发展主义和普雷维什的拉美发展主义经过东亚地区的批判和传承,形成了东亚模式的发展主义。1982年,在《通产省与日本奇迹——产业政策的成长(1925—1975)》一书中,作者查默斯·约翰逊提到了发展主义对以日本为代表的东亚国家的影响。在书中,查默斯·约翰逊不仅毫不讳言以日本为代表的东亚国家实施的是新的李斯特主义,还将这类将发展经济放在首要位置的国家命名为"发展型国家"。事实上,除了李斯特发展主义对东亚的影响外,拉美普雷维什发展主义也对东亚产生了广泛的影响,东亚发展初期广泛实施的进口替代政策很大程度上就是普雷维什发展主义影响的明证。

然而,以东亚国家为例,真正要从发展主义过渡到发展型国家,却需要近乎苛刻的条件。从全球的角度来看,受发展主义影响的国家众多,但遵从发展主义仅是构成发展型国家的必要非充分条件。以东亚典型的发展型国家为例,所谓发展型国家,不仅应以发展为首要目标,遵从发展主义的基本理念,而且要具有贯彻实施发展主义理念的政府能力和市场基础。在这个概念中,政府能力是实施发展主义的基础保障,没有以政府为主导的体制保障,发展主义就难以得到有效贯彻。但政府在发展型国家中的主导地位并不意味着这类国家在实施"计划经济"。恰恰相反,在发展型国家中,政府的作用不是抑制市场经济的发展,而是为了发挥市场经济的作用,发展型国家的全称正是"基于市场经济的发展型国家"。

从发展主义理念的形成与发展脉络及发展型国家的概念出发,本书将历史上的发展型国家划分为以下三类。

第一类是李斯特时代的欧美发展型国家。这一类发展型国家以李斯特发展主义为指导,以德国为主要代表,在历史上的影响时期大致为从18世纪60年代的工业革命至1914年第一次世界大战前夕。需要说明的是,在此时期,除了李斯特较为系统的发展主义理论论述外,美国的汉密尔顿也有类似的发展理论,且从1789年开始,美国联邦政府便逐步贯彻汉密尔顿的理论设想。从政府实施能力看,尽管美国联邦政府推行发展主义的直接干预力度弱于德国,但美国州政府和地方政府在推行发展主义方面发挥了重要作用，故本书将美国也划在李斯特时代的欧美发展型国家行列。

第二类是普雷维什时代的拉美发展型国家。这一类发展型国家以普雷维什发展主义为指导，其兴起的标志是1949年拉美国家共同发起建立的联合国拉丁美洲经济委员会，在历史上的影响时期大致为从1949年至20世纪80年代末90年代初，其核心时期是20世纪60年代至80年代末，阿根廷、巴西、智利、哥伦比亚、墨西哥、巴拉圭、秘鲁、乌拉圭、委内瑞拉等主要拉美国家普遍推行普雷维什的发展主义政策。20世纪80年代末90年代初以后，拉美国家普遍实施了范围广、程度深、影响大的经济改革。在这次改革后，"华盛顿共识"代替了普雷维什的发展主义理念，进而标志着拉美发展型国家时代的终结。尽管近年来部分拉美国家又提出了诸如"新发展主义""后发展主义"等政治口号，但大多没有得到持续贯彻，故本书不将近年来的拉美国家划为发展型国家。

第三类是20世纪40年代以后以日本为代表的东亚发展型国家。这类国家是以"东亚模式之父"查默斯·约翰逊命名的所谓最具正统意义的发展型国家，其兴起的标志是20世纪40年代以后日本的崛起，在历史上的影响时期大致为从20世纪40年代至今。东亚发展型国家的兴起具有渐次性的特征。20世纪40年代初期，日本经济一枝独秀；此后，东亚国家发展势头呈雁阵式逐步向外扩散，韩国、新加坡、泰国等成为东亚发展型国家兴起的第二梯队；中国起步较晚，可以看作是东亚发展型国家兴起的第三梯队。东亚发展型国家在政府能力上的典型特征是发展主义的首要目标通常与发展主义政治相连。从时间维度上看，如果没有特定的政权，发展型国家就不会在东亚广泛兴起，如1957年泰国的沙立政权、1961年韩国的朴正熙政权、1965年新马分离的新加坡李光耀政权、1966年印尼的苏哈托政权、1970年马来西亚的拉扎克政权、1972年菲律宾的马科斯政权和1986年越南的阮文灵政权等。总体来看，东亚发展型国家的形成时期也集中在20世纪60年代至90年代，典型的国家如日本、韩国、马来西亚、菲律宾、印度尼西亚、新加坡、泰国等。在1997年亚洲金融危机之后，很多东亚发展型国家面临动荡或转型，并逐步转向"华盛顿共识"的治理理念，标志着一些东亚国家的发展型产业政策特征完全消失。

综上所述，发展型国家不仅是一个国家类型属性的概念，更是一个国家特定发展阶段的历史范畴。一个国家可能在某个特定阶段具有发展型国家的特征，属于发展型国家，而随着这些发展型国家的特征退化，这些国家就转化为非发展型国家。

需要特别厘清的是，"发展型国家"不同于"发展中国家"的概念，两者虽然仅有一字之差，但在划分标准和概念内涵上却有本质的差异。其中，发展型国家是基于经济发展战略、政府与市场之间的关系所做的划分，本质上是基于发展的过程所做的划分。事实上，查默斯·约翰逊在《通产省与日本奇迹——产业政策的成长（1925—1975）》一书中，不仅提出了"发展型国家"的概念，而且还提出了其大体对应的模式——"调节型国家"的概念。所谓调节型国家，就是完全以市场为主导，政府在市场经济发展的格局中处于从属地位的国家。尽管除了发展型国家和调节型国家以外，还有一些不遵从市场机制或者没有市场基础、政府力量薄弱甚至政治动乱、经济极不稳定的国家，但这些在查默斯·约翰逊看来都不是有效的经济发展模式。而发展中国家本质上是基于发展的结果——人均国内生产总值（GDP）水平所做的划分。发展中国家可以是发展型国家，也可以是一些不遵从市场机制或者没有市场基础、政府力量薄弱甚至政治动乱、经济极不稳定的非发展型国家。而对于发展型国家，其可以是发展中国家，也可以是某个特定时期的发达国家。两者尽管有联系，却是完全不能通约的两个概念。

三、发展型产业政策

发展型产业政策就是发展型国家的产业政策，是隶属于发展型国家理论的一个特定称谓。国内学者费滨海（2012：51 - 52）认为，所谓发展型产业政策，就是在一国或地区内，制度主体为推动产业的成长与发展而构建起来的一整套政策系统、行动模式与认知意义系统、关系协调系统等。

发展型产业政策演化的国际比较与理论逻辑

按照前文所述的发展型国家的划分维度,产业政策可以对应划分为发展型产业政策、调节型产业政策和其他类型国家的产业政策。所谓发展型产业政策,就是在政府主导下,市场信号在一定范围内起组织产业发展作用的产业政策形态。而所谓调节型产业政策,就是完全以市场为主导、依靠市场信号组织产业发展的产业政策形态。除了发展型产业政策和调节型产业政策,其他由政府完全主导、市场信号无法发挥产业组织作用的产业政策,或者政府与市场均难以有效发挥产业组织作用的产业政策均划分为其他类型国家的产业政策。

发展型产业政策和调节型产业政策作为市场经济条件下两种较为有效的产业政策模式,在本书的论述中将占据重要地位。为详细界定两者的内涵,以下通过列表的方式来区分两者的差异,如表1-1所示。

表1-1 发展型产业政策和调节型产业政策的区别

区别	发展型产业政策	调节型产业政策
决策方式	集中决策	分散决策
特点	目标性强,强调同构性整合	多元化目标,异构合成
哲学思维模式	建构论理性主义	进化论理性主义
理论基础	赶超理论	市场失灵理论
产业政策的特征	强调战略性	强调公平性
蕴含的政府-市场逻辑	市场在政府的主导框架内	政府在市场的主导框架内
优点	短时间内集中社会资源办大事,产业规模和产业结构调整的速度快、效率高	经济扭曲度低,有利于创新和解决不确定性问题
缺点	经济扭曲度高,不利于创新和解决不确定性问题	产业规模和产业结构调整的速度较慢、效率低,竞争内耗严重

资料来源:本书作者通过文献整理得到。

四、演化经济学

演化经济学是近年来经济理论研究的新范式。1982 年，纳尔逊和温特的《经济变迁的演化理论》标志着演化经济学的诞生。一般认为，演化经济学可以简单定义为对经济系统中新奇的创生、扩散和由此所导致的结构转变进行研究的经济学新范式（贾根良，2015：2-5）。与传统主流经济学相比，演化经济学是以达尔文生物进化理论为根基的理论范式，其出现完全打破了传统主流经济学关于均衡、最优化等物理力学的研究范式。

作为新兴的经济学科，演化经济学的真正崛起也仅仅是在近几年。有学者对美国经济学会文献数据库（Econlit）过去 50 年的统计发现，90%的有关演化经济学文献是在 1990 年以后发表的［西尔维娅、特谢拉（Silva and Teixeira），2009：605-642］。在国内，截至 2012 年年底，90%的有关演化经济学文献是在 2005 年以后发表的（于斌斌，2013：139-144）。为便于本书论述和清晰地理解下文对发展型产业政策的分析思路，此处采用对比列表的方式概述演化经济学与西方主流经济学研究范式的区别。（见表 1-2）

表 1-2 演化经济学和主流经济学的分析范式差异

差异	演化经济学（达尔文主义经济学）	主流经济学（牛顿主义经济学）
看问题的出发点	研究对象是异质的，认为技术、制度、偏好和资源禀赋处于变动中，在非均衡的框架内进行经济分析	研究对象是相同的，假定技术、制度、个人偏好和资源禀赋不变，在均衡框架内进行经济分析
研究焦点	新资源的创造、技术、制度、偏好和资源禀赋处于变动中，这些变动会对行为者的活动产生影响，并通过市场和非市场机制的方式实现	既定资源的配置，在给定约束条件下实现市场机制的最优化

表1-2（续）

差异	演化经济学 （达尔文主义经济学）	主流经济学 （牛顿主义经济学）
理论结构的特点	可以容纳多样性、新奇、质变、报酬递增和系统效应等	不能处理新奇、多样性、质变、报酬递增和系统效应
方法论	采用生物学隐喻，采用从经验现实到理论的分析范式，强调方法上的有机主义，即强调整体主义或交互作用主义	采用物理学隐喻，采用从理论到经验的分析范式，微观层面认为个人主义原子论
研究方法的特征	推崇采用比较的、历史的、制度的和解释学的方法；作为辅助手段，在有限范围内可以使用数学建模、计量经济学和计算机模拟等	在高度抽象中建立逻辑上严密一致的公理化体系
知识论	认为事实和价值不可分割，经验研究中渗透着价值判断	坚持事实和价值两分法，推崇客观中立的实证分析
与其他学科的关系	经济学是一门社会科学，认为经济学应该更多地参考政治学、历史学、社会学和人类学等学科的研究成果	认为经济学是一门精密的科学，数学、经典物理学是其模仿的对象
典型代表及主要流派	老制度学派、新熊彼特学派、后凯恩斯经济学等	新古典综合、货币主义、理性预期学派、博弈论、新凯恩斯主义等

资料来源：贾根良（2015）。

第一章

导论

第四节 研究思路、方法与技术路径

一、研究思路

本书的核心内容是在论述两个演化过程的基础上，揭示发展型产业政策演化的基本轨迹与演化逻辑。两个演化过程的第一个演化是从李斯特时期的欧美发展型产业政策到普雷维什时期的拉美发展型产业政策，再到20世纪40年代以后的东亚发展型产业政策的跨期演化，研究第一重演化的主要目的是揭示发展型产业政策掩盖下的发展主义和发展战略的演化过程，并为扩展分析一般发展型产业政策的演化逻辑提供基础支撑；第二个演化是以一般性发展型产业政策为研究对象，剖析一般性发展型产业政策的生发、演进与转型的基本历程以及背后的理论逻辑。在这两个演化中，前者为后者铺垫了事实基础，并总结出发展型产业政策演化的基本规律；后者则是在前者基础上的进一步升华，是基于更具一般性的发展型产业政策的理论阐释。

围绕上述分析思路，全书将层层推进解决如下问题：一是发展型产业政策的历史表现如何，相关国家发展型产业政策在实施中表现出哪些共同的规律；二是发展型产业政策的生发机制如何，为什么发展型国家起步初期会实施发展型产业政策；三是发展型产业政策的演进受哪些条件的约束，这些条件如何作用于发展型产业政策的总体运行过程；四是发展型产业政策在突破约束条件以后如何转型，中国产业政策如何用发展型产业政策理论进行分析。

二、研究方法

比较分析和演化分析是本书论述分析的主要方法。其中，比较分析主要是使用跨期比较的方法。综观经济学比较分析的文献中，常见的是基于不同国别同一阶段的横向比较或者基于同一国家不同发展阶段的纵向比较，鲜有基于历史同一发展阶段不同国家的跨期比较。在跨期比较中，目前国内最有名的著作是谭崇台于 2008 年编撰的《发达国家发展初期与当今发展中国家经济发展比较研究》，此书使用的是跨期比较的方法，但相较该书宏大的主题和广博的论述内容，本书仅仅选取发展型国家的产业政策做专题比较，在论述内容方面充其量是谭崇台教授恢宏著述的一个分流，但该书比较分析的方法是本书写作思路设计的重要参考。

基于历史的、比较的、制度的、解释学的演化经济学分析方法是贯穿本书写作的第二种研究方法。演化经济学发展至今，无论在方法体系还是研究思路方面仍有诸多不成熟的地方，为形成发展型产业政策较为严谨的演化逻辑，本书在论述过程中还借鉴引入了演化博弈、一般均衡的分析方法。

三、技术路径

围绕本研究的主要内容和基本思路，全书将从九个章节来论述。

第一章是导论。重点介绍本书写作的缘由，研究的意义，研究思路、方法与技术路径，写作难点与可能的创新点，并对本书中的主要概念进行界定解释。

第二章是产业政策的理论溯源与演进脉络。重点综述了从重商主义到新时期产业政策理论的主要思想，并对涉及产业政策分析的主流经济学派如供给学派、公共选择学派等的相关文献进行了评述，由此提出了本研究的拓展方向。

第三章是不同历史情境下的发展型产业政策。重点论述了李斯特时代的欧美发展型产业政策、普雷维什时代的拉美发展型产业政策和 20 世纪 40 年代以后的东亚发展型产业政策形成的历史背景、基本表现和整体效果，并对三类发展型产业政策的特征进行了总体评述。

第四章是发展型产业政策的国际比较。在本书第二章的基础上，本章比较了欧美发展型产业政策、拉美发展型产业政策和东亚发展型产业政策的共同点和差异点，并归纳了不同时期发展型产业政策演化的基本规律。

第五章是发展型产业政策的制度演化逻辑。主要是从制度成本的

第一章
导论

比较和演化博弈的角度论述了发展型产业政策由生发到衰退的基本过程。

第六章是发展型产业政策的效应演化逻辑。主要是基于数理模型推导，分析了发展型产业政策的福利效应，并对创新环境下发展型产业政策的适应性进行了分析。

第七章是发展型产业政策演化逻辑的实证检验。主要通过计量检验比较的方法检验了发展型产业政策在市场条件、制度成本、与先进国家发展差距等条件的约束下演进的一般趋势，并总结了发展型国家与一般发展中国家、发达国家在产业政策实施过程中的基本差异。

第八章是发展型产业政策的转型及对中国产业政策的分析。主要是基于发展型产业政策演化理论揭示的一般规律，提出发展型产业政策转型的基本思路，并以中国为对象，分析了发展型产业政策演化理论对中国产业政策的借鉴价值。

第九章是结论与研究展望。该章总结全书，并提出下一步研究的方向。

在上述九个章节中：第三章和第四章是演化的表征分析，通过发展型产业政策的历史表现和国际比较，也将揭示从李斯特时代的欧美发展型产业政策到普雷维什时代的拉美发展型产业政策，再到20世纪40年代以后的东亚发展型产业政策的跨期演化逻辑；第五章至第七章是演化的理论逻辑分析，主要以一般性发展型产业政策为研究对象，剖析一般性发展型产业政策的生发、演进与转型的基本历程以及背后的理论逻辑；第八章是基于发展型产业政策演化理论的拓展应用。本书的技术路线如图1-1所示。

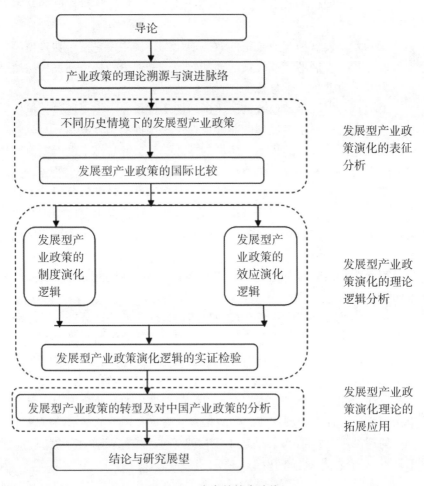

图1-1 本书的技术路线

第一章

导论

第五节 写作难点与可能的创新点

一、写作难点

本书写作的难点主要集中在两个方面。

第一,本书的主体内容是发展型产业政策的国际比较与效应分析,但在研究的过程中,历史的、比较的和解释学的分析范式能否形成清晰严谨的逻辑是本书写作的一大挑战。现代经济学大师丹尼·罗德里克曾在其畅销书《经济学规则》中写道,"如果你想给一个经济学家造成痛苦的伤害,只要说一句'你没有模型'就够了"。相比主流经济学研究的一般范式,本书要构建的精巧的数理模型存在较大的难度,毕竟产业政策是内涵庞杂、形式多样的政府实践范畴,不像资本、劳动等概念有明确的指向。要将这个经济学指向不甚明确但在现实中又普遍应用的产业政策概念真正诠释清楚,本身就是一个较大的挑战。

第二,限于历史数据较少,客观评价发展型产业政策的效果或实证检验本书所诠释的相关理论也是一大挑战。应该说,本书对发展型产业政策的国际比较与效应分析首先遵从的是历史的分析方法,应用的主要理论范式是演化经济学的一般范式。从现有文献来看,作为一种非主流的经济学研究方法,演化经济学在解释经济学的一些现象时效果可能是深刻的,但如何推广验证则有相当大的难度。如何通过计量方法来验证本书所诠释的发展型产业政策理论是本书写作面临的第二个挑战。

二、可能的创新点

探讨研究产业政策的文献浩如烟海,但遗憾的是,不少学者在探讨产业政策时往往忽略了两个前提:一是产业政策是一国特定经济发展阶段的产物,发展赶超阶段和稳定调节阶段的产业政策有本质的区别。脱离具体的历史情境去比较产业政策是缺乏意义的，对不同经济发展阶段的产业政策进行比较是没有可比性的。二是产业政策是产业发展理念和战略的从属部分，在既定的产业发展理念和战略下，产业政策只是一种服务于产业发展理念和战略的制度体系安排。单纯地使用财政补贴、贷款等产业政策的表现形式来替代产业政策分析是有局限性的，产业政策的某一种表现形式不等于产业政策本身。

基于上述两个前提的启示，本书以发展型产业政策为研究对象，综合比较了李斯特时代的欧美发展型产业政策、普雷维什时代的拉美发展型产业政策和20世纪40年代以后的东亚发展型产业政策，并基于对历史事实的观察与分析，提出了发展型产业政策演化的理论逻辑。本书的核心观点在于说明：在特定的历史情境下，发展型产业政策既是发展型国家实现发展目标的理性选择，也是发展型国家实现赶超的有效手段。但随着制度、创新、市场发展、追赶距离等多种因素的约束不断增强，发展型产业政策又逐步成为阻碍一国产业走向繁荣的重要因素。从制度的角度来说，发展型产业政策是"诺斯国家悖论"在产业领域的生动展现。

发展型国家的产业政策是近年来学术界广泛讨论的热点话题。在本书中，发展型产业政策的分析既具有制度范畴的属性，也具有历史范畴的属性。在历史跨期比较和制度演化分析的视角下，本书相较以往产业政策理论研究的创新价值主要体现在以下三个方面。

第一，从过去不分产业发展阶段、不分国家特征的混合产业政策讨论模式中剥离出"发展型产业政策"这一典型模式，将处于同一产业发展阶段、具有共同国家特征的产业政策进行比较，进而总结出某一类或某一时期产业政策演化的共同规律，从而将原有的产业政策理论讨论进一步具体化。

第二，在倡导回归产业政策理论历史分析传统的同时，积极与现代计量经济学的分析方法相结合，将当下过分注重产业政策内容的比较或产业政策形式的实证分析转化为特定历史阶段的产业政策比较与产业政策演化规律的实证，从而将原有的产业政策讨论范畴进一步拓宽。

第三，以中国为落脚点，积极从发展型产业政策的国际比较和发

第一章

导论

展型产业政策历史演化的一般规律中寻求指导中国产业政策发展演化的理论导向。本书认为，推动中国产业政策从选择性产业政策向功能性产业政策转型并非当下中国产业政策制定面临的本质问题。从发展型产业政策演化的一般理论上看，目前中国产业政策发展面临的本质问题是如何实现发展型产业政策在中国的升华与超越。

在批判借鉴一般产业政策理论的基础上，本书还通过国际跨期比较和演化分析的方法得出了一些较有创新意义的结论，如比较优势作为产业政策制定的出发点的条件并不充分、发展型产业政策绩效的持续发挥须满足发展理性与政府能力双重条件、利益集团演化诱发产业政策制度陷阱等。

第二章 产业政策的理论溯源与演进脉络

在经济学领域,产业政策的争论是个经久不衰的话题。之所以如此,主要是由于不论哪种经济学流派,其所提出的任何思想主张归根结底是要用于解决现实的经济问题,而这种解决问题的过程大多是通过政策来实现的,产业政策无疑是这种政策体系的重要组成部分。在国内,"经济"本身就蕴含"经世济民"的基本主张。在此理念导引下,产业政策实施的历史就更加源远流长。尽管产业政策的萌生和应用在古代经济思想史中都能找到明显的线索,但限于时代背景,本章重点探讨西方经济学萌生以来产业政策思想史的演进脉络。

第一节 产业政策思想演进的基本脉络

产业政策思想史的演进历程本质上是政府干预与自由放任思想的争论史。从重商主义兴起到古典经济思想的建立,再到新古典经济学及其他各种思想流派的产生,产业政策思想史的成长总是伴随着"干预—自由—干预—自由"不断更替的基本脉络。

一、重商主义时期的产业政策思想

重商主义是欧洲中世纪以后首先萌生的一个经济学派,具体时期可以大致追溯到1500—1776年(萧国亮、隋福民,2013:150-

159）。作为由自给自足的封建主义生产方式向新兴商业资本主义过渡时期的重要流派代表,重商主义是与民族国家盛行的强大政府干预相伴而生的。从理论机理上看,重商主义满足了民族国家稳固政权、丰盈国库和积累财富的发展诉求,民族国家强大的政府能力则进一步保障了重商主义者的利益。

货币差额论是重商主义者的基本信条。在信奉"财富即金银货币"的基本教条下,重商主义者大力主张有金银货币流入的出口贸易,而坚决抵制有金银货币流出的进口贸易。大力发展工商业和航海业是重商主义政策实施的主要体现,这些政策在英国和法国的重商主义和德意志的官房学派的政策体系中都能找到鲜明的印记。一些著名的经济学家如英国的托马斯·孟和海尔斯、法国的博丹等都是重商主义思想的代言人,而法国的柯尔贝尔更是重商主义政策的实践者（布鲁、格兰特,2016:14）。

重商主义可以看作是早期发展型产业政策的雏形。这些建基于民族国家兴起、稳固政权和争夺海外利益需要的发展目的,直接促成了商业资本主义与国家干预手段的融合,并成为推动商业发展和海外市场统一的原始力量。客观地说,重商主义对西欧资本主义原始积累的完成做出了重要的贡献,但其保护贸易政策也限制了资本主义工业市场的扩大,从而阻碍了资本主义经济的进一步发展,这又进一步促进了亚当·斯密古典经济学思想的产生（姜达洋,2016:31-32）。在重商主义时期,尽管没有鲜明的"产业政策"思想产生,但其奖掖工商、保护国内市场等诸多做法却为以后的政府规制经济学、战略国际贸易理论等提供了丰富的思想源泉。

二、古典主义时期的产业政策思想

随着重商主义后期发展的弊端逐步凸显和资本主义力量的不断壮大,原有的倡导贸易保护的重商主义逐步演变为资本主义工业市场扩大的强大阻力,一种基于自由贸易和自由放任思想的新理论呼之欲出。1776年,《国富论》正是在这种思想诉求下完成的经典之作。《国富论》给予产业政策思想发展的最大给养恰恰是"不需要产业政策"。看似为产业政策思想悖论的自由市场理论致力于将产业政策发挥作用的空间缩小至极致,但这种理想的自由市场模式能否适用于所有处于不同阶段、具有不同特点的国家却激发了另外一些学者的兴趣。

独立战争之后的美国,尽管在建国初期深受亚当·斯密思想的影响,但随着美国对英国贸易逆差的持续以及国家和工业部门的持续萎缩,时任财政部长汉密尔顿率先基于本国国情提出了保护本国幼稚产业的理论雏形。在那篇产业政策发展史上具有里程碑式的报告——《关于制造业的报告》中,汉密尔顿论述了对美国幼稚产业保护的一些基本原则,诸如认为应该对幼稚产业提供直接的政府补贴、对幼稚制造业产业的投入进行免税、禁止创新设备与机器的出口、保证本国制造业能以低于国外竞争者的价格出售产品、保护性关税应该被制定得足够高等［转引自宾汉（Bingham）,1997：22］。汉密尔顿的这份《关于制造业的报告》成为具有现代意义的产业政策理论的奠基之作。

如果说汉密尔顿的产业政策研究侧重于政策制定与实施,那么德国著名经济学家李斯特则是现代产业政策理论的开创者。在那本举世闻名的《政治经济学的国民体系》中,李斯特（1961：7）详细论证了产业政策实施的必要性。在书中,李斯特论述道:"古典经济学派、庸俗学派等流行学派,都是以一种很世界主义经济学的立场研究经济问题的,这种学说始终以整个人类社会的整体利益为唯一的研究对象,却根本不考虑不同国家的不同的经济利益,因此,这对德国来说是不具有指导意义的。"即使在现代经济学体系中,李斯特的经济学思想仍具有较强的时空穿透性,这种时空异质性的基本思想被演化经济学继承,同时成为新李斯特学派发展的奠基石。在论述产业政策时,李斯特认为,如果一个国家,不幸在工业上、商业上落后于别国,那么即使它具有发展这些事业的精神和物质手段,也必须先加强它自己的力量,才能具备条件与比较先进的别国进行自由竞争。与英法等先进国相比,李斯特清晰地看到了德国制造业发展所处的历史阶段,并将制造业发展的阶段论进行严密推演,从而形成了一套较为完整的理论体系。除了提出政府干预和一系列保护措施以外,李斯特还特别强调保护政策的时效性,如果过度保护,反而会阻碍一国经济的发展。

第二章

产业政策的理论溯源与演进脉络

自李斯特以后,真正意义上的产业政策理论才得以产生。尽管以李斯特为先驱的德国历史学派还存在诸多不完善的地方,但真正有价值的学术思想总是历久弥新。李斯特的思想不断为后来的制度学派、新制度学派、演化经济学、创新经济学等理论体系所吸纳或传承。

三、战后日本产业政策的理论与实践

战后日本产业政策的大规模运用引起了经济学界的浓厚兴趣,同时开启了产业政策理论研究的新阶段。从日本产业政策的演进历程来看,大致经历了两个阶段。

第一个阶段是20世纪60年代至90年代日本产业政策的盛行阶段。在这个阶段,日本产业政策的实施与经济的快速崛起相伴而行,进而将产业政策理论研究推向了顶点。为解析这一时期日本的产业政策,不同经济学家提出了不同的理论视角。如小宫隆太郎、奥野正宽、铃村兴太郎(1984:3-5)认为,产业政策是针对市场失败而实行的政策干预,这种市场失灵论直至目前仍有广大的市场;伊藤云重(1988:8)等认为,日本的产业政策重在协调自由竞争导致的资源分配和收入分配问题,协调论是这种产业政策理论的主要论调。

在分析日本的产业政策为什么可以取得成功时,很多学者关注到日本特殊的文化历史传统、地理位置等。如尾崎和罗伯茨(Ozaki and Roberts, 1984: 47-70)认为,日本的产业政策之所以能够取得成功,很大程度上是因为日本文化中的组织倾向和日本特殊的官僚机构与国会设置;上野和河部弘也(Ueno and Hiroya, 1980: 375-436)则将日本产业政策成功的原因归结为恶劣的自然环境,他认为,正是由于日本是个缺乏资源的国家,所以日本必须通过干预或限制外国商品的进口来提升本国关键产业的竞争能力。除了对日本产业政策成功的原因进行总结以外,还有一些学者研究了产业政策实施的基本方法,比较著名的有赤松要的雁行理论、小岛清的边际产业扩张理论等。

第二个阶段是20世纪90年代以来的日本产业政策反思。由于在这个阶段,日本经济陷于衰退中,故对日本产业政策的反思逐步成为

一种潮流。20世纪90年代以后，评估日本产业政策效果最知名的学者是迈克尔·波特。他用翔实的资料证明，日本最成功的20个产业基本上都没有受产业政策的直接影响，相反7个失败产业则深受产业政策的影响［波特、竹内、木神原（Porter, Takeuchi, and Sakakibara），2002：30-36］。遗憾的是，迈克尔·波特尽管否定政府对产业的干预，但他又在其所提出的钻石模型中大力宣扬政府的作用，并将政府对产业的支撑作用作为产业竞争力的重要成因，其背后成因值得玩味。除了迈克尔·波特的分析以外，日本本土的经济学者对产业政策的批判更为有力。如上野裕也（1977）认为，产业政策在日本实施的一个严重后遗症是造成恶劣寡头垄断体制；中山秀一郎（1982）认为，日本黄金时期的经济增长主要是依靠市场机制、日本人的勤劳以及有特色的经营体系，幸运的是，这些有利的因素在同一时期组合在了一起（转引自刘慷、王彩霞，2008：12-14）。除了日本本土的学者以外，中国学者对日本产业政策也进行了大量的分析，大致的脉络也是20世纪90年代之前以肯定借鉴为主，20世纪90年代以后以批判否定为主。

经过战后近30年的发展，日本将产业政策的理论与实践认知快速推向了高潮。在这个阶段，产业政策理论文献大量涌现，但随着日本经济的持续衰落，关于产业政策理论的分析又急剧落入低谷。日本经济学家野口悠纪在考察日本经济和产业发展历程时写道，"十年前，关于日本的研究课题全部集中于'日本为什么成功'；十年后，触目所及的论文题目都变成了'为什么日本的官僚机构觉察不到经济的失败''日本信息技术为什么发展如此迟缓'等等。千言万语一句话，就是'日本为什么不行了'"（转引自徐平，2012：6-7）。

关于日本产业政策的兴衰，至今仍有大量学者在深入研究[①]。值

[①] 2016年5月，北京大学宋磊教授在《现代日本经济》上发表了题为《日本的产业政策失败了么？》的文章。该文认为，目前中国学术界流行的日本产业政策分析大多使用一些似是而非的事实来否定日本的产业政策。实际上，日本的产业政策并不主要表现为大量的资金投入，所以其效果很难通过回归方法来衡量。除此以外，产业政策具有所得分配效果，这意味着以产业政策为自变量、以所补贴产业的绩效变化为因变量来衡量也是不恰当的。

第二章

产业政策的理论溯源与演进脉络

得说明的是，正是由于日本在产业政策方面的一些成功经验，产业政策才逐步演变为当代西方经济理论研究的一个重要领域。在这个时期，包括中国在内的东亚诸多国家竞相学习日本模式，产业政策理论和实践探索成为该时期东亚模式探索的重要议题。不可否认，"发展型国家""发展型政府"乃至本书所研究的"发展型产业政策"均脱胎于这个时代。如今，发展型政府理论的兴起，正在国际学术界激起一波又一波关于产业政策的研究热潮。

第二节 对产业政策分析的不同理论视角

对产业政策的分析是不同学术流派思想的派生品。从重商主义的兴起到战后诸多学术流派的兴起，每一种学派基于自身的思想体系，总会对产业政策的分析形成一些独特的视角，同时，不同分析视角均揭示了产业政策的不同侧面。

一、自由市场理论视角下的产业政策分析

现代自由市场经济学的理论体系大多可以追溯到两个学术群体：一个是以米塞斯和哈耶克为首的奥地利学派，另一个是以弥尔顿·弗里德曼为首的芝加哥学派。两种学说体系虽然遵循不同的论证机理，但最终都在追求自由市场、反对政府干预方面找到了共同的交汇点。

在方法论上，芝加哥学派所倡导的新古典经济学遵循理性选择模型。对这种研究范式的核心，知名经济学家贝克尔（1993：8）曾有一个精彩的概括，"最大化行为、偏好稳定和市场稳定的综合假定以及不折不扣的运用，构成了经济分析的核心"。与芝加哥学派倡导的研究方法论相对，以米塞斯和哈耶克为首的奥地利学派是方法论个人主义最坚定的倡导者。他们反对均衡和最大化的分析方法，将人类的意图性行动作为阐述经济学的核心假设。

无论是遵循市场资源配置效率的最优化，还是人类意图性行动形成的自发秩序，芝加哥学派和奥地利学派都将政府的作用排除在外。

两相比较,芝加哥学派的态度最为坚决,特别是在卢卡斯将有效市场假说推论到整个市场经济体系之后,包含产业政策在内的任何政府活动都没有留下任何余地。与之相反,奥地利学派是从信息的角度论述政府的。奥地利学派的代表人哈耶克(1997:24)坚定地认为,包括政府官员在内的所有人都存在严重的知识局限,即便政府建立庞大的信息收集和处理机构,也不可能得到关于市场运行的最重要的信息。与芝加哥学派比较,奥地利学派代表人物哈耶克仍给政府尤其是法治政府一定的经济活动空间。

芝加哥学派和奥地利学派的自由市场理论对产业政策的分析产生了两方面重要的影响:一是基于"市场失灵"和"政府失灵"的论断直接成为肯定或否定产业政策有效性的理论根基。芝加哥学派代表认为弗里德曼尽管承认存在市场失灵,但他坚定地认为,利用政府来补救市场的失灵,往往只是以政府失灵代替市场失灵。因为导致市场失灵的那些因素,政府也很难找到满意的解决办法。二是对政府掌握市场信息能力的论述也直接成为产业政策失灵论的主要依据。

时至如今,我们所看到的大量的产业政策争论,基本上仍是对上述两个方面争论的翻版。自由市场理论虽然在西方发达国家具有广阔的市场,但其无法面对在广大发展中国家不断失败的现实。著名诺贝尔经济学奖获得者刘易斯(Lewis,1995)针对发展中国家的情况曾有启发性地总结道:"政府采取自由放任政策而不去解决市场失灵的国家,即使有成功的,数量也很少,而政府有效主导的国家取得快速增长的例子却很多。"

二、供给理论视角下的产业政策

20世纪70年代中期以后,西方国家普遍盛行的"滞涨"局面促成了供给学派的兴起。供给学派将经济政策的重点放在了供给方面,认为产出是各种生产要素投入的结果,而投入量的多少,则取决于构成国民经济的基本单位,即个人和企业的决策。供给学派代表拉弗认为,经济活动的重点取决于供给方面,供给经济学的任务是研究经济活动的刺激因素及其作用,以及如何刺激才能取得最大的效果。在供

第二章
产业政策的理论溯源与演进脉络

给学派看来,刺激经济活动的主要途径包括减税、削减财政支出和减少政府管制等。其中,降低税率是供给学派认为最有效的措施,著名的拉弗曲线刻画的就是政府税收和税率之间的关系。削减财政支出和减少政府管制是为了给予私有部门更多的投资机会和自由投资空间。因此,倡导财政收支平衡和简政放权、撤销一系列不必要的干预和限制是供给学派的关键着眼点。

供给视角的经济学分析在广大发展中国家的应用中有不同的表现。发展中国家在供给层面普遍存在劳动力供给结构僵化和投资收益不高的问题。从供给角度分析发展中国家经济发展的特点,一些经济学家提炼出"有效供给论"和"门槛供给论"两种学说,以此作为产业政策实施的基础依据。

"有效供给论"认为,发展中国家普遍存在速度偏好、模仿偏好和集中偏好(杨沐,1989:62-69)。在这三种偏好的驱使下,发展中国家容易出现三种现象:一是容易出现中央计划化和微观部门投资之间的矛盾。一方面,中央计划动员资源和设定经济增长目标;另一方面,部门和企业在执行过程中由于缺乏横向协调,很容易出现重复投资或无效投资的现象,造成一部分供给能力的漏损。二是国有企业效率低下,使其所形成的供给能力与市场机制所形成的供给能力之间产生了一个差额。三是在国际市场竞争中,原先的一部分供给和供给能力会因产品销售不出去而失去供给效用。上述三种现象会造成一般发展中国家的实际供给小于总需求和总供给曲线的最优供给,也就是在实际供给曲线与理想供给曲线之间会形成三个差额,如图2-1所示。如何增强有效供给能力就成为这类发展中国家实施产业政策的重要依据。

"门槛供给论"则认为,发展中国家的供给曲线不同于一般发达国家产业的供给曲线。对于后起国家,尤其对于其汽车、钢铁等重工业而言,由于产业起步时规模通常较小,其供给水平和供给价格一般会经历一个先递减后递增的曲折过程。即在生产规模较小时,由于无法享受到规模经济带来的成本降低效应,后起国家只能被动地接受国际市场上的价格,即供给量与价格呈反方向变化。在达到一定门槛值以后,由于可以享受到产业规模效益、后发效应和分工效应等,所以

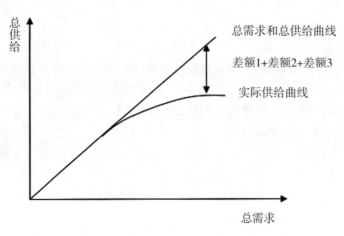

图 2-1　总需求、总供给和实际供给曲线

产业发展处于费用递减阶段,可以实现供给量与价格的国际表现同步。这种机制如图 2-2 所示。在生产规模较小时,对应同一价格的供给点,可能同时存在两个产业规模。如果产业的供给水平和供给价格呈反方向变化,即供给越多,价格越低,企业最终势必会无利可图,该产业最终也会退出市场。为增强该产业在国际上的竞争能力,必须将本土的产业规模快速推到产业的供给水平和供给价格呈正方向变化的供给取向右半段,只有这样,才能将进口产品挤出国门或者参与国际市场的竞争,这一任务责无旁贷地落在了政府肩上。若要打破僵局,实现产业的真正自立,就需要政府投入必要的费用,进而使产业规模快速走上一般产业供给曲线的轨道,这部分费用可以称之为社会振兴费,同时这也是后起国家实施发展型产业政策的基本理论依据之一。

"有效供给论"和"门槛供给论"都将最终的政策立足点选在了产业政策上,但是相对而言,"有效供给论"侧重对协调失灵尤其是转轨时期的产业政策的必要性进行论述,"门槛供给论"则侧重对后起国家赶超发达国家时市场失灵造成的产业政策的必要性进行论述。两种理论都对后续的产业政策研究产生了深刻的启迪作用。

第二章

产业政策的理论溯源与演进脉络

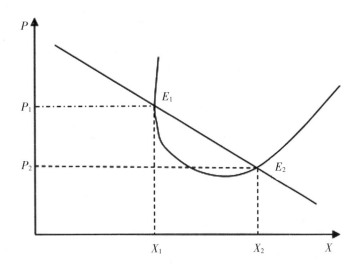

图 2-2 后起国家的产业供给曲线

三、公共选择理论视角下的产业政策

产生于 20 世纪 40 年代末的公共选择理论为产业政策分析提供了一个崭新的视角。这种理论将政府行为纳入市场分析范式来分析,其理论基点在于将政治市场上的决策者和执行者的行为与市场上的经济人行为相类比,政治决策者的行动与行为遵从理性经济人的一般假设。

公共选择理论在国际上通常用于分析民主政治领域的相关问题,如投票、政党活动等等。在国内,江小涓(1993:3-18)借鉴引用了公共选择理论分析的一般范式,形成了对中国产业政策的理论分析框架。在那篇荣获孙冶方经济学论文奖、影响深远、被频繁引用的论著《中国推行产业政策中的公共选择问题》中,江小涓注意到,中国重视产业政策的作用实际上隐含着三大前提:一是政府是否有能力和动力制定出合理的产业政策;二是即使制定出合理的产业政策,政府是否有能力推行;三是实施产业政策的成本是否较利用市场机制更低。围绕这三大前提问题，江小涓结合中国产业政策实施的实践，将上述三个前提又进一步拓展为五个问题进行深层次探讨，即政府能否判断产业政策的合理性、政府能否不受自身利益和其他利益的影响、政府的行政系统是否具备推行产业政策的能力、产业政策是否会明显干扰市场机制正常发挥作用、产业政策是否会诱发企业的不当行为。

从理论角度来看，公共选择理论将经济学方法论应用于政治市场，并开辟了一个新的研究领域。应该说，透过公共选择理论，学术界深化了对政府失败内生机制的认识。然而遗憾的是，公共选择理论虽然切入了一个新的领域，提出了一些好的问题，但对这些问题仍不能给出满意的答案。恰如江小涓在深入浅出地分析了中国产业政策存在的诸多问题后，仍不能判断是否要实施产业政策或者如何有效地实施产业政策，而只能得到"产业政策既不能完全肯定，也不能完全否定"这种似是而非的论断。在分析过程中，作者提出的产业政策到底如何评价、产业政策是否会干扰市场机制、利用产业政策解决市场失灵的成本到底如何以及与市场机制解决问题的成本相比较等等，这些都是悬而未决的问题。从这个角度而言，公共选择理论分析现象或者提出问题的价值显然高于利用其理论分析范式解决问题的价值，如何建立具有产业政策本质解释力的分析范式和理论框架仍是公共选择理论解构产业政策面临的重大挑战。

四、信息经济学视角下的产业政策

严格来说，信息经济学不是政策分析的工具，但产业政策的分析和信息的完全性有着天然的紧密关联，甚至在一些学者的争论中，信息是否充分直接成为区分产业政策实施理论依据的分水岭。对支持实施产业政策的学者而言，正是由于不完全信息和不对称信息的非完美市场成因或市场失灵假设，产业政策才具备了实施的理论必要性；但对于不支持实施产业政策的学者而言，同样是因为信息不完全和不对称性，政府没有能力实施精准合理的产业政策，故产业政策并不具备实施的理论合理性。无论是支持者还是反对者，都将信息作为评判产业政策的工具。除了这种对政府或市场横剖面的分析之外，对赶超型

第二章

产业政策的理论溯源与演进脉络

产业政策实施的信息完备性和成熟型产业政策的信息完备性的分析，则将信息的重要性渗透至政府或市场分析的纵剖面领域。

基于信息经济学视角分析产业政策的知名代表人物是斯蒂格利茨。在1986年其与格林沃德合作发表的"格林沃德－斯蒂格利茨模型"中，斯蒂格利茨强烈抨击了市场自由主义的主张，认为市场很难产生帕累托最优的结果，并直接引出了除垄断、外部性和公共物品之外的"非传统型市场失灵"概念。随后在1996年，斯蒂格利茨进一步将上述领域延伸至创新领域，认为创新活动具有很强的正外部性，信息搜寻和扩散也具有公共品的性质，所有这些都需要非市场理论提供支持，而政府干预无疑就是最为重要而又显著的非市场力量。2002年，在巴西社会与经济发展银行50周年纪念年会上，斯蒂格利茨（2002：30－47）直接论及产业政策在经济学理论中的依据。

斯蒂格利茨的理论演进脉络为包括产业政策在内的积极政府干预主义提供了宽广的学理基础，但不可否认的是，基于信息理论驳斥产业政策的论调也极为有力。除了上述芝加哥学派和奥地利学派自由市场理论对市场失灵现象的反驳以外，在国内，张维迎在与林毅夫的产业政策辩论中，也将政府信息不完备性作为驳斥产业政策有效论的基本主张。

值得关注的是，随着讨论不断深入，学术界目前对信息完备性的理解和认识已经远远脱离了之前狭义的范畴。如近年来，斯蒂格利茨已经多次提及知识的生产、传播、积累和学习对于产业发展的重要性。2014年，斯蒂格利茨与格林沃德提出"学习社会理论"。该理论以知识的生产和传播为研究对象，进一步将产业政策实施的学理基础引向更宽广的领域。斯蒂格利茨认为，产业政策是促进学习、弥补市场不足和矫正市场失灵的有效工具，产业政策和贸易政策、财政和金融政策、投资政策、知识产权制度建设构成了产业政策学习效应的基础体系。

迄今为止，学习社会理论是产业政策最新的经济学理论。但遗憾的是，目前这一理论在产业政策争论中并未得到应有的重视，国内对产业政策的争论大多仍停留在西方主流经济学的传统认识之中。

五、新结构主义经济学视角下的产业政策

新结构主义经济学是另一种较为系统地阐释产业政策的理论思想。新结构主义经济学的基本思想是,劳动生产率的提高在一国经济发展中起着至关重要的作用。提高劳动生产率有两个路径:一是通过技术创新,提高现有产业中产品的质量和生产效率;二是通过产业升级,将现有劳动力、土地、资本等生产要素配置到附加价值更高的产业。而这个过程需要"有效市场"和"有为政府"的参与(林毅夫,2012:55-57)。

基于不同国家的不同发展阶段的比较优势特征,林毅夫提出了产业政策的"增长甄别和因势利导"两轨六步法设计方案,其大致思路是:首先,通过比较优势理论进行甄别,发掘哪些是具有潜在比较优势的产业;其次,根据这个产业中企业降低交易费用的需要,因势利导,改善软硬基础设施,不断提高产业的竞争优势。林毅夫将产业具体划分为追赶型产业、领先型产业、退出型产业、弯道超车型产业和国防安全产业。对于不同类型的产业,林毅夫认为应该实施不一样的产业政策。

新结构经济学的产业政策理论在诸多发展中国家中有着广泛的推广应用,部分国家甚至已经收到良好的实效。但该理论在提出以后也受到诸多批评,其主要批评集中在以下两个方面。

第一,有为政府论。如田国强(2016)认为,有为政府对应一个行为主体所有作为近乎完美的政府形象,在现实中,从来没有一个不会犯错误、天使般的有为政府。经济学领域强调的是"有限政府"。对此,林毅夫并不认可。2016年,林毅夫在《论有为政府和有限政府——答田国强教授》中全面辨析了有为政府和有限政府之间的差别。林毅夫(2016)认为,有限政府的主要职责就是维护和提供公共服务,但并没有讨论什么是市场不能做的。有为政府则是指在市场不健全的条件下,政府必须使用有限的资源和执行能力创造发展条件,以此为经济发展和产业成长提供优越的制度环境。对有为政府论持异议的还有张曙光(2013:1079-1084)、张军(2013:1087-

第二章
产业政策的理论溯源与演进脉络

1094)、余永定（2013：1075－1078）等。本质上，新结构主义经济学是在有为政府前提下实施产业政策的基本方略。但遗憾的是，目前绝大多数学者仍不能接受有为政府这一基本前提。

第二，挑选赢家论。林毅夫认为，产业政策实施的重点是如何依据比较优势来选择有增长潜力的产业，这与国际上通行的"挑选赢家"或"挑选冠军"理论一脉相承。恰如顾昕、张建君（2014：231－241）指出，"挑选赢家"理论本身就有巨大的论证缺陷，因为毕竟政府不是无所不知的圣人化身。同时，依据比较优势理论挑选冠军也有理论适用的严重缺陷。韩国经济学泰斗级人物张夏准认为，依照比较优势理论，朴正熙只能发展泡菜生产业，绝不会大力推进电子、汽车、造船和钢铁业。张维迎在与林毅夫辩驳过程中也一针见血地指出，林毅夫的比较优势理论与产业政策导向本质上是不能自洽的（转引自吴敬琏，2016b：174）。解决比较优势战略理论逻辑矛盾的唯一办法是，林毅夫所讲的比较优势理论不是市场现实意义上的比较优势，而是按他自己判断的比较优势。此外，围绕产业甄别等理论问题，一些诸如甄选产业到底是依据静态比较优势还是动态比较优势等问题都是新结构主义有待解决的重要缺陷。

新结构主义经济学的提出与完善有其理论渊源。新结构主义与20世纪40年代以来兴起的发展型政府理论一脉相承，其基础理论也成为本书思索发展型产业政策的重要理论源泉。对新结构主义经济学学术思想的批判继承也成为本书系研究发展型产业政策的一个组成部分。

第三节　国内外产业政策研究文献述评

本章上述两节简要论述了产业政策思想史的基本脉络和不同理论视角下的产业政策分析范式。本节在上述分析的基础上，结合国内外产业政策文献，重点综述不同研究领域代表文献的最新观点。根据研究领域，这些文献大致可以划分为产业政策的国际比较、产业政策的绩效评价、产业政策的制定与实施、发展型产业政策的分析四个部分。

发展型产业政策演化的国际比较与理论逻辑

一、产业政策的国际比较

比较不同国家的产业政策制定思路和实施效果是现有文献常用的分析范式。由于日韩两国的案例是产业政策实施的标本,所以其在现有文献中也是最常用作比较的对象。如包小忠(2001:64-68)在分析比较日本产业政策时,认为20世纪90年代日本产业政策呈不断衰微的基本态势,产业政策自身的若干特点及市场、产业发展的阶段造成产业政策难以再发挥应有的作用。姜明辉等(1999:46-49)则详细考察了韩国从"江汉奇迹"到"国际货币基金组织(IMF)危机"过程中产业政策的发展演进历程,基于翔实的数据和历史资料,对韩国的产业政策得失进行了综合评价。总体而言,大企业影响、大力依托外向型技术、外向型经济依赖性强、产业结构不合理等是韩国产业政策在获得积极成效之余,目前面临的重大问题,这些问题的形成机制对中国具有重大警示意义。张东明(2002:1-7)的《韩国产业政策研究》作为国内研究韩国产业政策较早的一部专著,其对韩国的产业技术政策、组织政策、布局政策都做了较为全面的分析①。其创新之处在于:一是真实再现了韩国作为赶超型国家样本实施产业政策的真实历程;二是从经济发展计划与产业政策的角度入手,对政府在推行产业政策过程中的决策模式进行了深入分析。

将日韩产业政策的基本范式拓展至"东亚奇迹"的讨论,是在大批国际学者对"发展型政府"理论进行重新建构以后开启的。在东亚模式开始初期至中期,产业政策一直成为各界颂扬东亚模式、总结提炼东亚发展经验的重要组成部分。然而,随着亚洲金融危机的洗礼和日韩经济尤其是日本经济的下滑,产业政策又成为批判的对象。在这种背景下,有关"东亚奇迹"的讨论也精彩纷呈。有的学者认

---

① 对韩国产业政策的研究也广泛分散于一些关于韩国经济研究的专著中,其中以张志超主编的《韩国市场经济体制——从政府主导型向民间主导型的转化》,陈龙山、张玉山、贾贵春的论著《韩国经济发展论》,李庆臻、金吉龙的论著《韩国现代化研究》以及朴昌根的论述《韩国产业政策》最为突出。

第二章
产业政策的理论溯源与演进脉络

为，东亚模式的兴起证明了有限政府的基本理论，亚洲四小龙是经济发展过程中"国家最低限度干预论"的实践者。他们将"东亚奇迹"看作是贸易的动态收益，由市场自由化所驱动的出口扩张成为有选择的工业化战略。对此夏皮罗和泰勒（Shapiro and Taylor，1990：872）坚决反对。他们坚定地认为，政府在经济和产业发展中的作用值得肯定。传统理念认为，政府对经济的介入会挤占私人部门的空间。但东亚模式证明，如果机制制定合理，一些公共工程的实施还会"挤进"私人投资。在"东亚奇迹"的讨论中，巴尔丹（Bardhan，1984：8）也是政府干预主义的积极倡导者，他将政府在经济发展过程中的催化作用归纳为至关重要的学习过程、抵消外部性造成的影响等。作为"东亚奇迹"的批判者，克鲁格曼（Krugman，1994：62-78）对东亚模式的认识和判断无疑是众人皆知的。

在国内，对东亚产业模式的研究也浩若烟海。如金戈（2010：1517-1523）在分析东亚产业结构变迁和产业政策选择时，提出东亚产业政策的典型特征是，在不同的经济体制和发展水平下，选择不同类型的产业政策。冯晓琦、万军（2005：65-71）则剖析了东亚从产业政策向竞争政策转换的深层次成因，并详细分析了这种产业政策转向对时下中国的价值与意义。持类似观点的还有刘慷和王彩霞（2008）、江飞涛（2016：252-258）等。

杨永忠（2006：53-59）借鉴西方产业组织的结构-行为-绩效（structure-conduct-performance，简称SCP）分析范式，对日本、韩国及中国台湾的赶超型产业政策进行了深入分析。作者认为，三个典型地区的产业政策实施既有产业政策演进形态的一致性特征，同时在均衡和非均衡方面也具有一些异质性的特征。此篇文献的一个亮点在于，区分了日本、韩国及中国台湾三种产业政策模式，并分析了这三种产业政策实施后对产业的具体影响。论述数据翔实，这三种产业政策模式的划分对中国产业政策的完善具有很强的启示作用。

除了东亚历史上的产业政策以外，一些学者还研究了其他国家的产业政策。如谭崇台（2008：646-650）从发达国家发展初期与当今发展中国家经济发展跨期比较的视角出发，系统地考察了美国、德国、英国、法国等发达国家发展初期与广大发展中国家现有产业政策表现的异同。通过比较发现：在各国市场经济体制建立之前，各国政府都采取过多种实施干预的政策；而且同一种产业政策，无论是在发达国家早期还是在当今发展中国家，在政策目标、操作机制等诸多方面都具有很大的相似性。周建军（2017）从历史纵深角度结合产业政策的一般理论，翔实分析了美国产业政策的由来及现实表现。他认为产业政策既广泛存在于历史与当下的时间轴，也广泛存在于发达国家和发展中国家的空间轴。当下的美国也包括产业技术政策、产业组织政策和其他产业发展政策，任何一个经济体都没有置身于产业政策之外。黄群慧、贺俊等（2015：1-30）对日本、韩国、美国、德国最新的产业政策实践进行总结。传统意义上，发达国家是以功能性产业政策为主，而赶超型国家或者后起国家的产业政策均以选择性产业政策为主。但该书通过对发达国家产业政策的全面梳理，颠覆了传统产业政策适用国家的基本共识：发达国家的产业政策本质上也是选择性产业政策和功能性产业政策的组合。作为较为少有的研究俄罗斯产业政策的学者，周静言（2014：76-79）对叶利钦时期至普京时期进行了长达20年的考察，认为俄罗斯的产业政策仍然没有根治俄罗斯产业结构领域面临的传统问题。沈开艳（2015：27-35）则重点研究了印度的产业政策演进历程。在其编著的《印度产业政策演进与重点产业发展》一书中，沈开艳将产业按发展周期划分为孕育期、形成期、成长期、成熟期、衰退期五个阶段。她认为在产业发展的不同阶段，产业政策应该有不同的特点。基于该理论，她对印度众多产业展开了理论层面的验证。应该说，沈开艳对印度产业政策的研究已经具有强烈的演化经济学色彩，对不同产业发展阶段的产业政策制定诉求的分析也是非常值得称道的。然而，单个产业的产业政策诉求理论能否直接推广到所有产业、产业与产业之间的政策诉求如何协调、不同阶段的产业政策如何转换等问题并未在沈开艳的研究中有所体现，而这些正是时下中国产业政策最亟需解决的理论问题。

综观上述产业政策国际比较的相关文献，尽管学者们从各个维度揭示了不同国家的产业政策演化历程，但总体来看，大部分文献仍局限于历史事实的罗列和简单论述。产业政策的本质特征是什么，决定产业政策效应的主要因素是什么，类似这样的问题没有得到根本解

第二章
产业政策的理论溯源与演进脉络

决。没有这些根本问题的解决，国际比较分析极易流于形式。为什么有的国家产业政策会成功，而有的国家却失败，这显然有待更深层次的理论解释。

二、产业政策的绩效评价

与产业政策国际比较紧密相连的是产业政策的绩效评价问题，而绩效评价的结果直接决定着对于产业政策是否需要实施的立场判断。在国际上，产业政策的绩效如何评价并不是一个新问题。早在1989年，阿姆斯登（Amsden, 1989）就对韩国的产业政策效果进行评价，结果发现，产业政策对经济增长具有重要贡献。与之类似，蒙克和斯科特（Monke and Scotte, 1989: 1-27）采用政策分析矩阵的方法，将粮食政策作为研究对象，系统研究了产业政策对产业效率的影响，结果也发现产业政策具有显著的正效应。应该说蒙克和斯科特在一定程度上开了将生产效率作为产业政策效应被解释变量的先河。此后，有一大批学者也采用类似方法对产业政策进行实证研究。如比森和温斯坦（Beason and Weinstein, 1996: 286-295）通过实证发现，没有证据表明日本的优惠政策对本国的全要素生产率有显著的促进作用。李钟和（Lee Jong-Wha, 1996: 391-414）对韩国38个行业的分析结果表明，保护政策不但没有提高本国的劳动生产率和全要素生产率，反而在一定程度上起到反作用。与之相仿，劳伦斯和温斯坦（Lawrence and Weinstein, 1999: 23-24）将韩国和日本作为研究对象，发现贸易保护无助于全要素生产力的提高，相反只有竞争压力才是推动增长的重要因素。

对中国产业政策绩效评价的研究文献中，阿吉翁等（Aghion et al., 2015: 1-32）的研究是被中国学术界反复引用的重要文献。为克服用单一指标衡量产业政策的片面性缺陷，他们选用补贴、流动负债的利息、税收减免以及关税四个政策工具来衡量产业政策，因变量选用工业行业的全要素生产率，数据来源于中国国家统计局发布的1998—2007年的工业面板数据集。通过较为规范的实证过程，阿吉翁等发现管理得当的产业政策，尤其是有利于促进竞争的产业政策，是有利于促进生产率提高的。换句话说，产业政策向竞争政策转型才是中国产业政策演进的正确导向。

严格来说，阿吉翁等看似严密的产业政策实证分析并没有得到很有新意的结论。产业政策向竞争政策转型似乎是所有向市场经济方向转型国家的必然选择，其实证结论不言自明。甚至国内很早就存在类似的实证性文章。比如：舒锐（2013：45-54）通过实证发现，中国的产业政策可以实现工业行业产出的增长，却不能促进生产率的提升；刘冰、马宇（2008：9-16）基于中国煤炭产业的实证结果表明，产业政策只有在调控煤炭产量、煤炭安全生产和煤炭出口数量方面有效，在提升煤炭劳动生产率方面无效。

上述实证结论大多又使产业政策研究回到了"产业政策到底是有效还是无效"的追问。从实证结论上看，对产业政策持批评态度的文献显然多于持支持态度的文献，这基本上与当前新自由主义主导的主流经济学思想相契合。"产业政策到底是有效还是无效"，这个问题本质上在战后日本发展奇迹以后已经得到较为详尽的讨论。

除了"产业政策有效论"和"产业政策无效论"两类实证文献外，近年来也有一些对产业政策效应折中的看法和实证文献。如孙早、席建成（2016：23-21）验证了产业政策与市场发育程度之间的非线性关系，认为只有市场化水平达到某一拐点时，产业政策的正向效应才能充分发挥。孙早、席建成的研究虽然开辟了一个研究空间，但实证的结论是否与现实相符仍是有待验证的问题。一般认为，在市场化水平较低的时候，产业政策可模仿参照的标杆信息越完备，产业政策实施的空间越大，效果越好；在市场水平较高的时候，产业政策实施的空间反而越小，产业政策失败的概率越大。此外，熊勇清、冯韵雯（2011：85-92）具体考察了产业政策环境适应能力的影响因素，本质上也是产业政策有效"条件论"的代表文献之一。

应用计量方法评估产业政策的绩效问题不可避免要面临两大难题。第一个难题是如何为衡量产业政策寻找一个适宜的工具变量。综观现有的研究文献，将产业政策等同于税收优惠、补贴、关税保护等是大多数实证文献的思路。由于这些数据相对易得，所以在实证中得到广泛的应用。但使用这些数据在客观上也将产业政策的内在含义庸

第二章

产业政策的理论溯源与演进脉络

俗化或者表面化了。在实际的产业政策实施过程中，产业政策往往会表现为一个个产业引导规划、发展计划等等。这些规划和计划的实施有些是用税收、补贴的形式贯彻的，有些则是通过"软性"引导或者劝导的方式运行的。例如，有些企业在参与市场经营过程中可能没有得到政府的补贴或税收减免，但它们会感受到产业政策的信号导引影响，这些政策文件会潜移默化地影响产业转型的总体方向。日本产业政策的实施很多也不是通过税收减免或者补贴的形式来开展的，咨询、劝导以及一些专业平台的帮扶等"软"手段都是产业政策的基本表现形式。实际上，如果将产业政策扶持资金的总量与企业市场经营投资的总量相比，产业政策扶持资金完全不足以影响企业发展的决策。加上较少的产业政策资金扶持分散在有限的企业之中，这种以资金补贴为主要表现形式的产业政策影响就更显微弱。相反，产业政策颁布造成的价格信号效应、学习效应可能会更加显著。

应用计量方法评估产业政策绩效的第二个难题是忽略了产业政策支持某个产业时所具备的时效性。大多数产业政策的实践表明，政府实施产业政策的初衷不是想站在市场机制运行的对立面，而是为了产业结构优化而扶持或引导幼稚产业的发展。这与林毅夫（2016）认为的产业政策奖励产业转型初期"第一个吃螃蟹"的企业一致，显然也更贴近实际。在产业由幼稚产业向较成熟产业过渡后，产业政策就会减弱或者退出。综合这个过程来看，产业政策从设计之初就并非以提高全要素生产率为目标，而是仅仅服务于培育发展新产业、引导产业转型。从这个过程来看，产业政策在实施初期仅仅是服务于幼稚产业"量"的扩张。在中后期逐步退出的过程中，产业政策的影响势必逐步衰减。如果用产业政策影响的总体过程与全要素生产率做计量分析，那么得到的结论一定是产业政策对全要素生产率影响无效，或者产业政策对产业本身的发展无效。实际上，类似这样的计量分析都忽略了产业政策运行的真实状况，同时也是对产业政策实施目的的极大漠视，因而这种计量分析在本质上也是无效的。

应用计量方法评估产业政策除了上述两个挑战以外，还须面对产业政策效应的综合评估问题。陈乃醒（1989：63-69）曾指出，产业政策的实施既有综合效应，也有单项效应。其中，综合效应既有正效应,也有负效应。单项效应包括产业扩张效应、潜在效应、派生效应、阻尼效应、从属效应、收入增长效应等等。江海潮(2007:105-123)则重点分析了产业政策的剩余分配效应和激励效应等。产业政策的效应评估是个系统工程,没有对这些效应的综合分析,任何单维度的评估都可能是片面的。

三、产业政策的制定与实施

产业政策的制定与实施在本质上是产业政策的实施方略问题。长期以来,产业政策研究的主题长期集中在"是否有效"的问题上。事实上,无论支持产业政策有效还是无效,都有确切的理论依据和实证依据。甚至同一项产业政策在不同国家实施也会取得截然不同的效果,有成功也有失败,而这构成了对产业政策认知的多样性。近十年来,随着讨论的日趋深入,对产业政策的分析逐步由"要不要产业政策"转向"如何设计产业政策"的领域。恰如阿吉翁等(Aghion et al., 2012:5-20)总结性指出的,"我们的产业政策研究应该转向如何设计和管理产业政策以促进经济增长和福利增进,而不应仍局限于要不要存在的问题之上了"。在如何制定和实施产业政策方面,大致有以下三种思路。

第一,从西方经济学理论分析入手,探索寻求产业政策制定和实施的理论体系。如霍夫(Hoff, 1997:409-436)、梅里兹(Melitz, 2005:177-196)等学者基于"干中学"原理,提出产业政策的"最优补贴"设计原理;豪斯曼和罗德里克(Hausmann and Rodrik, 2003:603-633)从"自我发现"角度,提出新兴产业发展初期应该给予补偿;对此,林毅夫的新结构主义经济学也对为什么要对"第一个吃螃蟹的企业"给予补贴予以理论性的评述。此外,基于产业选择和比较优势的角度,林毅夫和张夏准(2009:483-502)分别提出了设计产业政策的基本依据。李永(2003:43-46)则在林毅夫比较优势的理论基础上,进一步提出了动态比较优势理论决定下的产业政策分析范式。总体来看,国内外能以一种新的理论框架解释产业政策的设计或演进总体过程的文献较为欠缺,未来研究拓展仍有

第二章

产业政策的理论溯源与演进脉络

较大的空间。

第二，从博弈论的角度分析，探索在中央政府与地方政府博弈的约束下如何设计有效产业政策的激励机制。中央政府和地方政府的关系为基于博弈论研究产业政策提供了广阔的空间。史铭鑫（2005：39-41）通过中央政府和地方政府在产业结构调整过程中的博弈模型分析，揭示了受限于地方政府的地方利益格局，如果没有中央政府的影响，产业政策就极易失败。与之类似，张许颖（2004：71-74）也揭示了地区利益障碍的存在是造成产业政策需要一定条件才能发挥作用的原因。孙早和席建成（2015：52-66）也通过中央政府和地方政府的博弈模型，揭示了中国式产业政策的实施不仅取决于中央政府和地方政府的双重任务目标，还受制于中国不同地区的经济发展水平和市场化进程。相较前几篇文献，康凌翔（2016：58-66）则具体研究了地方政府与企业之间的博弈模型。他认为通过一定的产业政策实施，可以引导企业参与到产业升级发展的基本过程中。

第三，从实证角度出发，提出产业政策制定与实施的具体建议。如布洛尼根和威尔索（Blonigen and Wilso, 2010：200-211）的实证结果表明，产业政策在补贴产业链上游的同时，会对下游造成成本压力，进而削弱下游产业的竞争力。纳恩和特雷夫莱（Nunn and Trefler, 2010：158-194）以关税为主要研究对象，通过实证发现，制度是影响一个国家产业政策效应的主要因素。赵璨等（2015：130-145）则通过中国上市公司的数据检验了政府补贴与企业业绩之间的关系，发现企业迎合政府产业发展导向的行为，最终会导致产业政策补贴资金的浪费。黄先海等（2015：57-69）基于一个拓展的伯川德模型，验证了产业政策的实施存在最优空间。余东华、吕逸楠（2015：53-68）以光伏产业为例，提出了"政府不当干预论"，并展开了相应的实证分析。总体来看，实证的目的和内容林林总总，使得人们对产业政策制定和实施的建议多种多样。

从产业政策制定和实施的思路来看，基于理论的产业政策分析框架无疑最为有力。基于博弈模型或者从实证角度分析产业政策制定与实施的方略尽管也有较强的针对性，但仅仅揭示了产业政策设计与实施的一个侧面。然而，总体来看，目前基于理论分析的产业政策制定与实施总体仍处于起步探索阶段。这是因为在分析产业政策问题时,很大一部分学者还停留在是否完全接受必须实施产业政策这个前提之上。在主流经济学中,产业政策并没有合适的存在地位,因此难以有更深入的讨论。这也意味着如果要构建产业政策的理论框架,就必须寻求经济学体系更高层面的突破,这对许多从事产业政策研究分析的学者来说无疑是项巨大的挑战。

四、发展型产业政策的分析

如前文所述,"发展型产业政策"的概念在国际上并未通行,但发展型国家、发展型政府确实是近年来学术研究的热点。发展型产业政策是发展型国家或发展型政府促进经济发展的基础手段,在发展型国家理论中占据重要地位。应该说,当前所有研究解析具有"赶超""发展"特征的产业政策理论文献都有发展型产业政策理论研究的痕迹。从发展型产业政策的视角来看,所有涉及发展中国家及发达国家起步阶段的产业政策都是发展型产业政策的范畴。

综观现有的国内外相关文献,集中研究发展型产业政策的文献较少。较为典型的是著名经济学家克鲁格曼(Krugman,1994)的研究。克鲁格曼认为,发展型国家的产业政策只具有短期效应,其效用会随着时间的推移逐步衰弱,由此也造成发展型国家的衰落。但究竟为什么会衰弱?诱发发展型产业政策的内生机制是什么?他对此并没有深入阐述。在克鲁格曼的研究中,产业政策仅是投入驱动而非效率驱动的因素。他的观点在国内诸多学者的文献中也有所体现。如余永定(2013:1075-1078)、顾昕(2013:119-124)都认为,当落后国家越接近发达国家水平时,由于缺乏模仿对象,其产业政策效应就会越发收窄。但陈玮等(2017:1-13)对这种说法提出了质疑:即便没有模仿对象,产业政策为什么不能促进自主创新?认定发展型国家由盛转衰是必然趋势是很多学者的共同看法,如林(Hayashi,2010:45-69)、穆恩和普拉萨德(Moon and Prasad,1994:360-386)、彭佩尔(Pempel,1994:27-34)、哈格(Haggard,2000:165)、埃文斯(Evans,1997)、韦斯(Weiss,1997:3-26)、朱天

第二章

产业政策的理论溯源与演进脉络

飚（2005：34-39）等。但究竟是什么原因造成这种衰落，学者们各执己见，远未达成共识。如果是国际经济形势等外因造成的衰退，那么这种发展型国家的模式能否成功回归历史舞台？如果是内部利益集团壮大或产业政策等内因造成的衰退，那么这种产业型国家的模式能否顺利转型？诱发衰退的机制又是什么？这些都是发展型国家相关研究中悬而未决的问题。

中国是典型的发展型国家，产业政策当然也是发展型产业政策的重要组成部分。目前针对中国的产业政策研究主要集中在以下四个方面。

第一方面是研究中国产业政策的影响。如韩超等（2017：122-144）将产业政策分为需求型、供给型和环境型，并具体分析了不同类型产业政策对企业绩效的影响。结果发现，供给型产业政策副作用较大，需求型产业政策对企业绩效存在正面影响，环境型产业政策对企业绩效没有显著影响。宋凌云和王贤彬（2016：78-93）采用面板数据检验了产业政策与经济增长绩效之间的关系。结果发现，产业政策对经济增长有显著的促进作用，但不同地区存在一定的异质性。与之类似的还有李景海和黄晓凤（2017：52-64）的研究。总体来看，随着研究的逐步深入，大多数学者都关注到中国不同区域产业政策影响的差异性。除了区域之间的异质性以外，有些学者还关注到产业政策对行业的异质性影响，典型的如王宇、刘志彪（2013：57-69）等。

第二方面是研究产业政策与创新之间的关系。如余明桂等（2016：5-22）基于2001—2011年上市公司的专利数据，分析了产业政策对企业创新绩效的影响。结果发现，产业政策可以显著提升企业的创新绩效。黎文靖、郑曼妮（2016：60-73）则将专利数据进一步细分为发明专利和其他专利，拓展分析了宏观产业政策到底是有利于促进企业的实质性创新（发明专利比重较高）还是策略性创新（发明专利比重较低）。结果发现，产业政策只是促进了企业的策略性创新而非实质性创新。"双创"是近年来政府大力推动弘扬的创新形式。围绕创新创客发展，闫振坤、潘凤（2016）以广东省为例，研究了广东大力发展创客经济的产业政策诉求。

第三方面是研究产业政策与产能过剩之间的关系。如程俊杰（2016）从产业政策视角分析了中国目前产能过剩的形成机制。总体来看，地方政府出于经济发展的需要形成投资冲动，并进一步激发了大企业的投资过剩。耿强、江飞涛和傅坦（2011）进一步研究了政策补贴、产能过剩与中国经济波动之间的关系。中国突出的产能过剩问题也激发了学者在这一领域进行较大范围的探讨。但总体而言，大多数学者认为，产业政策是导致中国产能过剩的重要成因。

第四方面是研究中国产业政策的转型。总体来看，削弱产业政策的作用、提高市场机制的基础性作用是大部分实证文献对产业政策制定与实施建议的主流结论。其中，江飞涛和李晓萍（2010：26-36）的"推动产业政策向竞争政策转型"的观点具有很强的代表性。在其研究的影响下，李晓琳（2017：99-109）、刘涛雄和罗贞礼（2016：76-82）、侯利阳（2016：89-98）、于立和刘玉斌（2017：16-31）等均秉承类似的看法。张明志（2016：81-92）、崔校宁和李智（2016：42-47）则进一步提出如何促进产业政策与竞争政策的兼容性发展。分析中国产业政策转型的另一种较有代表性的理论是"推动产业政策由选择性产业政策向功能性产业政策转型"。追本溯源，这种理论的基础主要源于拉尔（Lall，1994：65-90）的产业政策"三分法"。从本质上看，江飞涛和李晓萍（2015：17-24；2016：75-77）关于产业政策向竞争政策转换的理论逻辑均来源于此。然而，闫振坤（2016：56-60）认为，"功能性产业政策"和"选择性产业政策"在各个国家的产业政策中都同时存在，两者缺乏绝对的区分边界。王云平（2017：46-56）在回顾中国产业政策实践历程的同时，也关注到中国产业政策从来都是"选择性产业政策"与"功能性产业政策"的组合。在近期的产业政策研究中，诺德（Naud）等国外学者甚至公开支持大力推行选择性产业政策（转引自闫振坤，2017：37-42）。因此，认为中国产业政策应由选择性产业政策向功能性产业政策转型的学者，实际上并没有抓住中国产业政策问题的根本症结。

随着中国产业政策转型争论的日趋深入，产业政策也成为辨析供给侧改革任务的重要讨论内容。王君和周振（2016：114-121）认

第二章
产业政策的理论溯源与演进脉络

为在供给侧改革背景下,产业政策的重要任务在于发挥市场的主体作用,加快由传统选择性产业政策向市场化产业政策转型。贾康(2016:62-65)认为,在供给侧改革背景下,产业政策在创新事项上兴利除弊,这才是真问题。黄汉权和任继球(2017:27-32)论证了中国新时期产业政策转型的依据与方向。闫振坤和袁易明(2016:131-137)以深圳为案例,剖析了供给侧改革下中国产业转型应该秉承的基本思路。

总体来看,由于发展型国家和发展型政府理论刚刚起步,尚不成熟,故对发展型产业政策的论述往往缺乏系统性。综观现有文献的研究进展,对发展型产业政策既有肯定的分析,也有否定或批判的分析。构建一个统一的理论分析框架,有效地解释发展型国家实施产业政策演进的动力机制和面临问题的根本原因,是未来发展型产业政策研究着力拓展的基本方向。

小　　结

本章首先回顾了产业政策思想史的基本脉络,然后综合论述了不同理论视角下产业政策的主要分析思路,最后对国内外相关代表文献进行述评。总体来看,尽管产业政策的理论和实践非常丰富,但尚没有较为系统地阐述产业政策,尤其是发展型产业政策生发、演进和转换的理论框架。尽管自由市场理论、供给理论、公共选择理论、信息经济学理论和新结构主义经济学都揭示了产业政策的一些运动规律,但总体来看仍是产业政策分析的一个侧面。运用新古典经济学理论框架和计量经济学方法进行分析也存在较多缺陷,典型的问题包括如何衡量产业政策效应以及如何寻找产业政策本身的工具变量。基于文献研究述评,我们可以总结出目前产业政策研究的总体趋势。

第一,产业政策研究逐步由"要不要产业政策"向"如何设计产业政策"转变。恰如斯蒂格利茨(2010)所言,"政府干预从来不会是完美的,也未必具有改善经济绩效的效果。问题不是在不完美的政府和完美的市场之间做出选择,而是在不完美的政府和不完美的市场之间做出选择"。罗德瑞克也认为,"产业政策是否必要"纯属伪问题,"产业政策的施政选择"才是真问题(转引自吴敬琏,2016b:112)。除了上述两位重量级学者以外,研究日本本土产业政策的学者大野健一(2016:237-251)也将产业政策的质量作为研究对象。很显然,这种研究已经将所有国家都有产业政策作为基本前提。在这些学者的推动下,支持产业政策者和反对产业政策者正在寻求新的综合。

第二,越来越多的学者意识到,应该将产业政策置于不同的市场成长阶段或国家特征下进行分析。芝加哥大学著名学者詹姆斯·罗宾逊(2016:61-77)坚定地认为:其一,从理论视角来看,有充分理由相信产业政策可以在促进发展方面发挥重要作用;其二,显然能找到某些案例,证明产业政策确实发挥了这样的作用;其三,针对这些案例,也能找到其他反例,表明产业政策失败了,甚至阻碍了发展,当然这种事实论证是复杂的;其四,成功案例与失败案例之间的区别在于政策的政治角力。除了罗宾逊的论述外,还有一大批学者对不同产业发展阶段的产业政策诉求进行了分析。

第三,越来越多的学者意识到,基于新古典经济学理论框架分析产业政策的局限性越来越大,更具深度的分析应该寄托于演化经济学的分析框架。顾昕(2017:5-14)在评述林毅夫与张维迎的产业政策论证时,旗帜鲜明地指出:"演化经济学如能一方面超越反新自由主义立场,另一方面从斯蒂格利茨、罗德里克等超一流经济学家那里汲取理论精华并融会贯通,就有可能透彻光大之道。"顾昕的评述为本书后续章节的论述指明了方向。

第三章 不同历史情境下的发展型产业政策

从全球经济史的发展历程来看，发展型产业政策的兴起与发展经历了三次浪潮。按发展型产业政策的理论基础进行划分，在工业革命时期，以德国经济学家李斯特为代表的产业发展理论掀起的欧美发展型产业政策是第一次浪潮；20世纪50年代，以阿根廷著名经济学家劳尔·普雷维什提出的"中心－外围"理论为先导，在拉美地区萌生的发展型产业政策标志着发展型产业政策兴起的第二次浪潮；20世纪70年代，以"东亚模式之父"查默斯·约翰逊提出的日本产业政策理论为支撑，在东亚地区萌生的发展型产业政策标志着发展型产业政策兴起的第三次浪潮。在每一次浪潮中，政府都发挥了显著的作用。不少国家在发展型产业政策的推动下，经济快速腾飞，主导产业的竞争力在国际市场竞争格局中显著增强。但也有诸多国家的产业并没有保持持续的发展，经济增长和产业发展的奇迹仅是昙花一现或者最终遭遇严重挫折。

第一节 李斯特时代的欧美发展型产业政策

欧美发展型产业政策主要体现为工业革命前夕及工业革命时期典型国家的产业政策。自18世纪60年代英国工业革命以后，欧美其他国家纷纷仿效英国，加快实施工业革命。其中，德国和美国作为后发国家①，为应对先进国家英国的工业产品冲击，纷纷采取保护主义的诸多措施并取得了显著的成绩。这些国家成为工业革命时期发展型国家的典范。

一、欧美发展型产业政策形成的背景

如前所述，18世纪和19世纪的欧洲，是重商主义盛行的欧洲。与此同时，由于受到英国廉价工业产品的挑战，以李斯特和汉密尔顿为代表提出的贸易保护理论在欧美大行其道。这些理论坚定地认为，"国家，尤其是后进国家，必须强化政府干预，必须为发展工业实现关税保护政策，以培养长远生产力"（谭崇台，2008：125-147）。在这种贸易保护主义思潮下，政府逐步成为该时期争取经济发展空间和提升产业国际竞争能力的代言人，这些政策对欧美发展型国家的主导产业建立和工业化进程产生了深远影响。

德国是一个后起的发展型国家。18世纪后期，英国开始进行工业革命。德意志政治强人腓特烈大帝对此极为关注，在1779年派遣一个政府官员到英国收集信息，并通过获得的工业技术秘密，在德国生产出第一台气压机。德意志的统一过程及其后续影响使得整个国家从工业革命至二战时期形成了鲜明的政府干预传统。19世纪40年代，德国进入了历史上的李斯特时代。1837年，英国经历了严重的经济危机，工业产品出现普遍生产过剩，造成英国对欧洲大陆的商品倾销极其严重。为应对英国产品价格低廉的竞争，德国开始贯彻李斯特的贸易保护思想。经过近30年的贸易保护，德国逐步由英国制造品最大的市场之一转变为一个自给自足的工业国家。

德国李斯特贸易保护思想也极大地影响了美国的贸易保护政策和制造业发展理念。根据美国1787年宪法，只有联邦政府才能指定全国的外贸政策。该宪法禁止向出口货物征税，只对进口货物征税，具

---

① 本质上，日本也属于这一时期典型的发展型国家，但由于日本的模式与德国较为类似，且在战后日本开辟出新的产业政策模式，故本书此章节对日本在该时期的产业政策不做详细介绍。

第三章

不同历史情境下的发展型产业政策

有鲜明的贸易保护色彩。美国最初向进口货物征税的主要目的是弥补国库收入。1816年，美国颁布关税法，关税征收的目的开始由增加国库收入转向保护国内产业。随后，北方工业资产阶级和南方农场主阶级发生激烈冲突，致使关税处于波动状态。直至1861年出台莫尔斯关税法才使争论告一段落。此后，美国为保护国内钢铁产业，关税率不断提高，在1890年国会通过麦金莱关税法以后，关税达到最高水平。随着美国经济发展水平的提高，开放市场、降低关税成为普遍呼声。1894年以后，随着美国工业化过程的逐步完成，美国的关税率逐步下降。

二、欧美发展型产业政策的表现

贸易保护是工业革命时期发展型国家的典型特征，但这并不等于欧美发展型产业政策的全部。尽管工业革命时期，"产业政策"这一专业名词并未出现，但欧美发展型产业政策却包含当前教科书中关于产业政策的大部分内容。

德国和美国是这个时期最为典型的发展型国家。其中，德国的产业政策经历了两个时期：1871年德意志统一之前，政府更关注产业发展政策；统一之后，政府更关注产业组织政策。早在1871年之前，德意志邦国的政府通过产业促进协会、产业技术委员会等机构推行了某些产业政策，如对制造业企业发放许可证；选送人才派往先进国家获取技术、管理知识，带回图纸和机械零配件进行仿造等。此外，德国为了获得长久持续的技术优势，还加强了技术教育，形成了较英法更先进的等级教育培训体制。在产业组织领域，德国政府默认卡特尔组织发展，从1857年第一个卡特尔组织开始，至1911年已经有550～600个卡特尔组织出现。卡特尔组织的出现避免了企业与企业之间的"过度竞争"，对工业革命时期德国的快速发展产生了重要影响。大多数国家都在此时期学习英国的工业化模式，先从轻工业领域开始推行工业革命，德国也不例外，但德国更具战略意义的做法是在轻工业遭受较强竞争之后及时转向重工业领域。在德国政府的强力主导下，国家产业发展的重心快速从轻纺工业转向铁路建设等重工业领域。至

1913年，德国已经在机械和重工业领域领先全球。

美国的产业政策主要体现在汉密尔顿的《关于制造业的报告》中。这部被称为"美国工业化的宪章"的报告认为，"工业立国"战略是美国实现经济赶超的关键。因此，在赶超欧洲工业化国家的过程中，美国必须实施保护性关税，必须增加财政补贴和奖金，必须鼓励国内的发明创造，必须强化政府在经济发展中的作用（转引自韩毅、张兵，2006：204-205）。但在实施方式上，美国没有像德国那样采取政府直接主导干预的方式推行工业化，而是将重点放在营造产业发展环境方面。与美国产业政策最具直接关系的是贸易政策，如前所述，美国的关税保护政策持续长达半个世纪之久。在这半个世纪中，美国不仅挡住了英国廉价工业品对美国制造业的冲击，而且为美国制造业的发展创造了良好的政策环境。在产业技术政策方面，美国在1790年成立专利局，并颁布了第一部专利法。与此同时，美国还积极鼓励外国移民来美。当时，欧洲战争导致的动荡使西欧更多的人才乐意来到美国。通过移民政策，美国获得了充足的劳动力和专门技术人才。

三、欧美发展型产业政策的效果

第一，通过产业政策的实施，实现了产业规模的快速膨胀。限于史料及当时统计数据的缺陷，目前无法获取德国和美国每年各细分行业的产值状况。但从 GDP 的总体统计数量上看，无论是德国还是美国，在赶超英国过程中，总体经济规模都实现了爆发式的增长。若将英国市场内生推动的产业成长模式作为标杆，从表 3-1 和表 3-2 中可以看出，受政府干预或产业政策影响的国家显然获得了更快的发展速度。其中 1820—1850 年，德国 GDP 年均增速达 1.97%，美国 GDP 年均增速为 4.16%，均远高于英国 GDP 增速。通过一系列产业政策的实施，德国于 1870 年成功赶超法国，并于当年赢得了德法色当战役的胜利。最终，德国于 1910 年赶超英国，美国则在 1880 年就实现了对英国的赶超。尽管这一过程的实现也有自然禀赋、资源、社会文化等多方面因素的影响，但以贸易保护政策为代表的产业政策模式无疑也在德国和美国的迅速崛起中发挥了重要作用。

表3-1 1820—1910年欧美主要国家GDP

单位：百万国际元

年份	法国	英国	德国	美国
1820	35468	36232	26819	12548
1850	58039	63342	48178	42583
1860	70577	81760	59096	69346
1870	72100	100180	72149	98374
1880	82792	120395	86626	145335
1890	95074	150269	115581	214714
1900	116747	184861	162335	312499
1910	122238	207098	210513	460471

资料来源：根据安格斯·麦迪森《世界经济千年统计》数据整理得到。

表3-2 1820—1910年欧美主要国家GDP年均增速

单位：%

年份	法国	英国	德国	美国
1820—1850	1.66	1.88	1.97	4.16
1850—1860	1.98	2.59	2.06	5.00
1860—1870	0.21	2.05	2.02	3.56
1870—1880	1.39	1.86	1.85	3.98
1880—1890	1.39	2.24	2.93	3.98
1890—1900	2.07	2.09	3.46	3.82
1900—1910	0.46	1.14	2.63	3.95

资料来源：根据安格斯·麦迪森《世界经济千年统计》数据整理得到。

除了从GDP指标来观测发展型产业政策的规模效果以外，以1860年为基数，可以看到在1910年，法国工业产量仅增长了1倍，英国工业产量增长了1.7倍，德国增长了5.6倍，而美国则增长了9.25倍。（见表3-3）

表3-3　1860—1910年欧美主要国家工业产量指数变化情况

年份	法国	英国	德国	美国
1860	100	100	100	100
1865	102	118	123	106
1870	102	127	146	156
1875	120	146	208	175
1880	126	159	200	263
1885	133	164	238	294
1890	147	200	308	450
1895	152	210	377	506
1900	174	253	469	631
1905	191	270	538	888
1910	207	270	662	1025

数据来源：根据帕尔格雷夫世界历史统计（美洲卷）（欧洲卷）（1750—1993）数据整理得到。

注：1860年为基准年份，设其指数为100。

此外，从1870—1913年各国国际贸易份额和机器输出情况也可以透析赶超型产业政策的巨大效力。如表3-4所示，1870—1913年，是德国推行大规模工业化最成功的时期，也是美国贸易保护最严重的时期。在此时期，德国钢铁、电气和化学工业部门异军突起，美国则在电力、通信和汽车业发力，两国企业均在长期的贸易保护中获得了生存发展的重大机遇。两国在多年的发展后，先后实现了对英法两国工业产值的赶超。至1913年，两国国际贸易占全球的份额均超过10%，而英国国际贸易占全球的份额则由22%下降至15%，法国仅在1870—1880年间有所增长，此后呈逐步下降的态势。从表3-5中也可以看出，经过较长一段时间的大规模工业化后，德国和美国实现了对英国、法国经济的全面赶超，以机器为代表的重工业产品在国际市场上竞争力不断增强。

第三章
不同历史情境下的发展型产业政策

表3-4 欧美典型国家所占国际贸易总值的份额

单位：%

年份	法国	英国	德国	美国
1870	10	22	13	8
1880	11	20	11	11
1890	9	20	11	10
1900	9	19	13	12
1910	8	16	13	11
1913	8	15	13	11

资料来源：夏炎德（1991）。

表3-5 欧美典型国家国际贸易总额中机器输出比例变化情况

单位：%

年份	法国	英国	德国	美国
1880—1884	1	12	3	3
1890—1894	2	15	3	4
1900—1904	2	20	10	15
1909—1913	4	32	29	28

资料来源：夏炎德（1991）。

第二，通过产业政策的实施，实现了产业结构的不断优化。从工业革命的整体历程来看，欧美主要国家在经历工业革命后，第二产业的比重均呈现不断上升的态势。从表3-6可以看出，多数国家的第二产业比重到1963—1967年超过50%。其中，以德国、美国为代表的发展型国家，第二产业比重甚至达到55%~60%。在第二产业内部，欧美发展型国家又经历了先轻工业发展后重工业发展的过程。以德国为例，在工业革命初期，德国大力发展纺织业，后来棉纺织业的机器化生产和铁路建设带动了对冶铁业的发展需求，而冶铁业的发展又需要焦炭业的支撑。1871年德意志统一后，德国加快发展电气、钢铁等产业。1896年，德国成为欧洲最大的电气制造业生产国。至1913年，德国成为全球第二大金属生产国和最大的金属出口国。诸多重工业的发展为优化本国产业结构奠定了坚实的基础。

表3-6 欧美主要国家产业结构变化情况

单位：%

国家	年份	第一产业	第二产业	第三产业
法国	1896	25	46.2	28.8
	1963	8.4	51	40.6
英国	1907	6.4	48.9	44.7
	1924	4.4	55	40.6
	1963—1967	3.4	54.6	42
	1971	3	43	39
德国	1850—1959	44.8	22.8	32.4
	1935—1938	16.2	56.3	27.5
	1963	5	60	35
	1971	3	59	39
美国	1889—1999	17.9	44.1	38
	1919—1929	11.2	41.3	47.5
	1963—1967	3.4	54.6	42
	1971	3	40	54

资料来源：谭崇台（2008）。

第三，通过产业政策的实施，实现了产业技术的内生增长。技术进步的途径大致可以分为两种：一种是建立在技术创新基础上的技术进步；另一种则是建立在技术引进基础上的技术进步。在发展型国家起步初期，德国和美国毫无例外地都以技术引进为主。如德国在1825年之前引进英国技术时，遭到了英国的严格封锁。直至1842年，英国仍禁止工匠迁居到国外，同时对于最有价值的机器及机械发明、零部件、图纸等，一律严禁带出英国。在此背景下，德国通过无数工业间谍获取技术秘密，同时通过丰厚的待遇吸引英国的技术工人迁居本国。

需要说明的是，无论是德国还是美国，除了积极引进英国的先进技术，也积极着手培育、构建自身的技术创新体系。如德国大力兴办职业学校和高等院校教育，美国则于1790年确立了自己的专利制度。很显然，德国和美国在工业革命初期实施的产业技术政策在第二次工业革命时期很快见效。在第二次工业革命时，一系列新技术与新产品是在英国、德国和美国等同时产生的，这标志着由以技术引进为主的产业政策向以自主创新为主的产业政策引导取得了积极成效。以美国为例，从全要素生产率的增长状况来看，1800—1927年，美国全要素生产率呈现不断上升的态势，其中，1800—1855年，美国全要素生产率的贡献仅为20%，至1855—1890年，这一贡献上升为36%，此后又上升至70%（见表3-7）。技术进步对经济增长的贡献不断增强，这也是该时期美国技术进步取得成效的证明。同时，技术进步也为德国和美国以后经济的可持续发展注入了活力。

表3-7 美国早期经济发展中资本、劳动和全要素生产率增长状况

年份	资本收入弹性	年平均增长/%				总要素生产率的贡献/%
		劳动生产率	资本-劳动比率	资本的贡献率	总要素生产率	
1800—1855	0.34	0.4	0.6	0.2	0.2	20
1855—1890	0.45	1.1	1.5	0.7	0.4	36
1890—1927	0.46	2.0	1.3	0.6	1.4	70

资料来源：速水佑次郎（2003）。

四、欧美发展型产业政策的评价

德国和美国是欧美发展型产业政策的主要代表。归纳这两个国家的产业政策，可以总结出欧美发展型产业政策的特征如下。

首先，欧美发展型产业政策是在与先进国家发展阶段差距不大的背景下实施的。在工业化进程中，英国的工业革命是最早的，但与德国、美国以及一些仍处于蒙昧阶段的封建王朝相比，英国与德国、美国的工业化时期更为接近。从工业化开启的条件来看，德国和美国工

业革命的条件并不比英国差，甚至在一些资源禀赋方面强于英国。如在工业革命开始之前，德国已在资源禀赋、科学技术储备方面形成了巨大的优势，德国基础研究领域的诸多学科在世界上处于最发达的行列。除了一些固有的要素资源禀赋条件以外，更重要的是德国有一大批富有远见卓识的政治家参与其中，使德国在统一之前就具有良好的经济发展路径设计；美国相较于英国而言，则具有较少的历史负担，可以充分吸收英国及欧洲工业化的最新成果，通过批判扬弃欧洲国家的经验教训加速美国的工业化进程。德国、美国比较优势的存在，使它们在第二次工业革命中迅速发力，进而极大地缩小了与英国的发展差距，这也是欧美发展型国家相较以后的发展型国家的突出优势。

其次，贸易保护是欧美发展型产业政策的共同内容。在抵抗英国廉价商品冲击的过程中，发展型国家都没有迷信自由放任市场经济的劝导，而是经过深入考察分析，最终选择了贸易保护的正确道路。以德国李斯特和美国汉密尔顿为代表的经济学家还为这一政策提供了坚实可靠的理论基础。事实证明，以贸易保护为主要内容的欧美发展型产业政策实施不仅成功地保护了本国的幼稚工业，同时也为本国酝酿新的产业竞争力赢得了时间。在贸易保护营造的良好产业发展氛围下，欧美各种产业政策相互配合，进而为发展型国家顺利实现下一步赶超提供了有力保障。

最后，欧美型产业政策本质在于营造一种有利于市场培育的环境，而非直接干预市场的微观运行机制。总体来看，德国和美国的发展型产业政策虽然都打上了强政府的烙印，但市场在各国步入工业化进程中的作用同样不容小觑。从国家工业化的主要推动力来看，德国和美国政府在该时期虽然发挥了重要作用，但资本主义生产力刚刚形成的那种市场动力才是工业化进程的最大推力。即使是政府力量最大的德国，在发展铁路、炼钢等具体产业时，也主要是通过激励市场自发的力量来推动，引导和创造市场发展的良好氛围和制度环境是政府在该时期的主要作用。

需要说明的是，德国和美国是工业革命时期典型的发展型国家，但这并不意味着同时期其他国家没有浓厚的国家保护色彩，不具有发展型产业政策的典型特征。以贸易保护政策为例，从1875年世界主要国家的关税和进口比率来看,英国、法国和德国在此时期的贸易保护程度已有所下降,但贸易保护仍然充斥挪威、葡萄牙、西班牙等国,而美国仍是贸易保护最严重的国家,发展型产业政策在该时期众多国家中大行其道。(见表3-8)

表3-8 1875年世界主要国家的关税与进口比率

国别(计价货币)	关税/百万	进口总额/百万	关税与进口比率/%
美国(美元)	157	540	29.07
法国(法郎)	182	3537	5.15
德国(1880年)(马克)	164	2814	5.83
意大利(里拉)	104	1207	8.62
挪威(克朗)	18	177	10.17
葡萄牙(埃斯库多)	10	36	27.78
俄罗斯(卢布)	64	531	12.05
西班牙(比塞塔)	72	478	15.06
瑞典(1885年)(克朗)	24	261	9.20
瑞士(法郎)	21	756	2.78
英国(英镑)	20	374	5.35
加拿大(加元)	13	93	13.98
印度(卢比)	27	389	6.94
日本(日元)	1.7	29.976	5.67
印度尼西亚(盾)	8.1	122	6.64
新西兰(新西兰镑)	1235	8029	15.38

数据来源:根据帕尔格雷夫世界历史统计(美洲卷)(欧洲卷)(亚洲、非洲和大洋洲卷)(1750—1993)数据整理得到。

总体来看,欧美发展型产业政策在保护幼稚民族工业、促进经济腾飞方面发挥了积极作用,是成功的,但这并不意味着此时期欧美发展型产业政策就不存在遗留问题。如德国在赶超英国、推动工业化的进程中,其对贸易的过度保护导致本国产出的产品质量低劣,"德国质量"在很长一段时间里都是造假低劣的代名词。美国在贸易保护中,由于提高进口关税,国内产品生产成本居高不下,故本国制造业竞争力受损。从德国和美国的产业政策来看,再成功的发展型国家使用产业政策也要支付产业政策本身的制度成本。实施产业政策尽管在某种程度上有利于民族工业的成长,但也会带来社会福利的净损失,这可能是所有发展型产业政策的共同特征。

第二节 普雷维什时代的拉美发展型产业政策

拉美发展型产业政策的萌生在世界经济史上不是孤立的事件,而是与工业革命时期欧美发展型产业政策及东亚发展型产业政策紧密相连,具有较大顺承关系的事件。在这次发展型产业政策的浪潮中,拉美地区的巴西、阿根廷、墨西哥、哥伦比亚、委内瑞拉等都是拉美发展型产业政策的代表。

一、拉美发展型产业政策形成的背景

1949年,"发展主义鼻祖"、阿根廷经济学家普雷维什在其《拉丁美洲的经济发展及其主要问题》中指出,以西方资本主义为主的一方国家和以发展中国家为主的一方国家构成"中心－外围"不平等分布格局,是造成发展中国家落后的根本原因。为摆脱西方国家的依赖,普雷维什主张要坚定地推进发展中国家的工业化,并从资本积累、市场形成、国家干预等诸多方面论述了具体措施。本书论述的重要概念"发展主义"即从普雷维什的这篇经典论文中萌生。所谓发展主义,在普雷维什看来,就是发展中国家通过推进工业化来打破"中心－外围"的不合理格局。

普雷维什这篇经典的论文被称为"拉美经委会的宣言",在拉美地区引起了强烈的反响。战后很长一段时间里,拉美均将自由贸易和比较优势理论奉为教条,将以初级产品出口为主的出口导向作为经济发展的动力。20世纪20—30年代,欧美减少了对拉美初级产品的进口,进而造成拉美地区经济的剧烈动荡。20世纪60年代,受普雷维什"中心－外围"理论影响,拉美地区开始从初级产品出口导向过

第三章

不同历史情境下的发展型产业政策

渡到进口替代发展导向。实现这种转变的基本逻辑在于：工业化国家对发展中国家推销工业产品以换取廉价的初级产品，发达国家在发展中国家投资的跨国公司从所在国榨取利润。拉美地区要降低对发达国家的依赖，就要从替代进口出发，逐步降低对发达国家的依赖。

二、拉美发展型产业政策的表现

以进口替代战略为驱动，拉美发展型产业政策的制定主要体现在以下四个方面：一是倡导政府通过财政和税收手段加快经济命脉相关产业部门优先发展，建立国家资本主义经济，抵抗外国资本对本国经济命脉的控制。二是强调国家经济规划的重要作用。拉美发展型产业政策对规划作用的积极强调主要是鉴于规划对资金投向引导的积极作用。普雷维什认为，规划不束缚私营企业的手脚，但可以使资本有明确的投向。三是通过保护主义和补贴的政策，强化对民族工业和经济权益的保护。拉美国家的政府认为，没有保护主义和补贴政策，作为外围的发展中国家很难打破中心国家的经济和技术优势。四是重视通过税收、价格、货币、工资等手段调节国民收入在不同部门的再分配。

但值得关注的是，拉美发展型产业政策的实施在拉美各国不是同步进行的，本书主要对比拉美八国①的情况。拉美发展型产业政策的兴起与推广总体经历了两个阶段：一是从20世纪30年代末到40年代末，从进口替代战略实施的领域来看，拉美地区重点发展轻工业，加快推进消费品的进口替代；二是从20世纪50年代到60年代末，重点推进耐用消费品和资本品的替代。从国别上看，巴西、阿根廷和墨西哥在20世纪30年代最早开始，此后是哥伦比亚、委内瑞拉等国家，中美洲各国大约在20世纪60年代才开始推广实施进口替代政策。

---

① 本书中拉美八国是指阿根廷、巴西、智利、哥伦比亚、墨西哥、秘鲁、乌拉圭和委内瑞拉。

三、拉美发展型产业政策的效果

与欧美发展型产业政策类似，拉美发展型产业政策的效应也大致表现为三个方面。

第一，通过产业政策的实施，一些拉美国家实现了产业规模的较快增长。测算 1935—1970 年拉美地区阿根廷、巴西、智利和墨西哥的工业产量变化情况，从表 3-9 中可以看出，拉美四个国家的工业产量都呈现了较快发展的态势。其中，巴西的工业产量扩张最快，1935—1970 年，巴西的工业产能扩展了 19 倍多；墨西哥在这 35 年间，工业产能也扩张了近 8.5 倍。除了工业产能的稳步扩张外，通过实施进口替代战略，这些拉美国家基本建立了较为完整的工业体系。以巴西为例，20 世纪 50 年代以后，巴西采矿、发电、农业、纺织、食品等部门的设备自给率均超过 90%，造船零部件自给率超过 80%。

表 3-9 1935—1970 年拉美四国的工业产量指数变化情况

年份	阿根廷	巴西	智利	墨西哥
1935	100	100	100	100
1936	105	108	103	115
1937	111	133	110	120
1938	118	142	113	123
1939	124	167	113	121
1940	121	208	126	128
1941	126	233	138	137
1942	142	242	138	149
1943	147	258	138	157
1944	163	283	133	170
1945	155	308	149	182
1946	168	308	159	186

表 3-9（续）

年份	阿根廷	巴西	智利	墨西哥
1947	195	358	162	190
1948	189	342	169	198
1949	176	383	177	206
1950	179	433	169	222
1951	184	475	203	238
1952	179	500	223	234
1953	179	525	241	238
1954	192	567	251	281
1955	213	633	241	317
1956	224	675	256	349
1957	239	717	249	376
1958	263	833	256	396
1959	242	900	292	412
1960	266	1033	287	471
1961	292	1150	308	487
1962	279	1242	336	519
1963	266	1242	356	567
1964	305	1292	377	646
1965	358	1242	395	709
1966	361	1383	421	777
1967	366	1425	418	820
1968	389	1650	418	891
1969	432	1833	433	935
1970	458	2033	433	927

数据来源：根据帕尔格雷夫世界历史统计（美洲卷）（1750—1993）数据整理得到。

注：1935 年为基准年份，设其指数为 100。

发展型产业政策演化的国际比较与理论逻辑

上述产业规模的快速扩张也显著带动了经济的快速发展。从1920年至1980年,拉美八国的GDP年均增速为4.62%,而美国仅为3.33%。在拉美重点实施产业政策的1940—1980年,巴西、墨西哥等国的GDP年均增速更快,部分年份甚至接近6.5%。拉美八国与美国在1920—1980年各时期产业政策的绩效对比如图3-1所示。

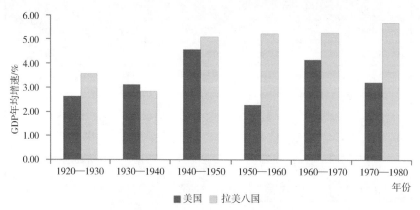

图3-1　拉美八国各时期GDP年均增速与美国对比

[数据来源：根据帕尔格雷夫世界历史统计（美洲卷）（1750—1993）数据整理得到]

第二,通过产业政策的实施,拉美八国实现了产业结构的优化调整。表3-10展示了1920—1964年阿根廷、巴西、哥伦比亚和墨西哥产业结构的演化情况。总体来看,四个国家的产业结构在20世纪30年代至70年代都发生了显著的变化,其中,阿根廷、巴西和墨西哥在20世纪中期,制造业占GDP的比重超过了农业的比重；相较而言,哥伦比亚的农业、种植业在进口替代的第一阶段仍然占比近50%,即使进入第二阶段,第一产业的比重仍高达近40%,这进一步说明拉美产业发展的不均衡性。

第三章
不同历史情境下的发展型产业政策

表3-10 典型拉美国家的产业结构对比

单位：%

国别	年份	农业	制造业	建筑业	交通通信业	商业金融业	其他
阿根廷	1920—1924	28	19	4	7	23	19
	1925—1929	26	20	5	9	21	19
	1930—1934	24	21	4	10	20	21
	1935—1939	24	23	4	9	17	23
	1940—1944	24	25	4	9	18	20
	1945—1949	19	26	4	10	17	24
	1950—1954	16	25	5	11	17	26
	1955—1959	16	28	5	11	17	23
	1960—1964	15	30	4	10	16	25
巴西	1920—1924	24	13	—	3	21	—
	1925—1929	22	13	—	4	22	—
	1930—1934	24	13	—	3	19	—
	1935—1939	23	14	—	3	20	—
	1940—1944	21	18	8	4	20	28
	1945—1949	18	21	9	4	22	26
	1950—1954	16	23	10	5	22	24
	1955—1959	15	26	10	5	21	23
	1960—1964	13	29	8	5	20	24
哥伦比亚	1925—1929	52	8	4	2	—	—
	1930—1934	51	9	3	2	—	—
	1935—1939	47	10	4	2	—	—
	1940—1944	45	12	5	3	—	—
	1945—1949	42	14	5	4	14	20
	1950—1954	36	18	4	6	16	20
	1955—1959	34	19	5	7	15	20
	1960—1964	32	20	5	7	16	20

表3-10（续） 单位：%

国别	年份	农业	制造业	建筑业	交通通信业	商业金融业	其他
墨西哥	1940—1944	19	23	4	3	25	26
	1945—1949	17	23	4	3	27	26
	1950—1954	18	23	4	3	29	24
	1955—1959	17	23	4	3	29	24
	1960—1964	15	25	5	3	29	24

数据来源：根据帕尔格雷夫世界历史统计（美洲卷）（1750—1993）数据整理得到。

值得关注的是，与欧美发展型产业政策类似，拉美发展型国家的产业结构在发展型产业政策的有力促进下，尤其是在拉美国家走向由消费品向中间产品和资本品进口替代的第二阶段中，也呈现出一定的优化趋势，但总体表现不如欧美和同时期的东亚发展型国家显著。1970年和1987年，与东亚部分国家和地区相比，拉美四国的制造业结构优化幅度较小甚至呈现退化的趋势。（见表3-11）

表3-11 拉美四国与东亚部分国家和地区的制造业内部结构对比

单位：%

国家或地区	食物、饮料和烟草		纺织与服装		机械与运输设备		化工		其他	
	1970年	1987年	1970年	1987年	1970年	1987年	1970年	1987年	1970年	1987年
墨西哥	28	24	15	12	13	14	11	12	34	39
巴西	16	15	13	10	22	21	10	12	39	42
阿根廷	20	21	18	12	17	15	7	11	38	41
智利	17	26	12	7	11	4	5	8	55	56
韩国	26	12	17	17	11	28	11	8	36	35
新加坡	12	5	5	4	28	52	4	12	51	27
中国香港	4	6	41	40	16	19	2	2	36	33

数据来源：世界银行（1990）。

第三章
不同历史情境下的发展型产业政策

第三,与欧美发展型产业政策相比,拉美发展型产业政策没有带来全要素生产率的快速提升。如表 3-12 所示,从 1950—1965 年拉美八国的经济增长因素来看,资本是 GDP 增长的重要贡献因素,其次是人力资本,而全要素生产率增长率则多为负数。这说明拉美这种以进口替代为主要驱动的产业政策模式虽然可以在短期内取得效果,但并不具备可持续性。

表 3-12　1950—1965 年拉美八国的经济增长因素分析

单位:%

国别	GDP 增长率	人力资源增长率	资本增长率	全要素生产率增长率
阿根廷	3.20	1.05	2.80	-0.65
巴西	5.20	2.35	3.05	-0.20
斯里兰卡	3.60	1.60	2.00	-0.20
智利	4.00	1.50	2.45	0.50
哥伦比亚	4.70	1.80	2.90	-0.10
秘鲁	5.60	1.20	3.40	1.00
委内瑞拉	6.70	3.10	4.65	-1.05
墨西哥	6.10	2.45	3.20	0.45

数据来源:吴强(1993)。

四、拉美发展型产业政策的评价

以"发展主义鼻祖"普雷维什提出的"中心-外围"理论为支撑的拉美发展型产业政策虽然在拉美地区取得了一定成效,但若以其赶超发达国家的最终目的来衡量,拉美发展型产业政策的实施是不成功的。评估拉美发展型产业政策,其总体上存在以下四方面的特征。

第一,指导理论的缺陷最终造成拉美发展中国家的产业发展与经济增长无法持续。进口替代战略的理论假设存在两个严重缺陷:一是仅仅关注到中心国家与外围国家的贸易联系,过高地估计了外围国家自身市场容量对中心国家的影响。实质上,相对中心发达国家而言,

发展型产业政策演化的国际比较与理论逻辑

外围发展中国家的市场容量较小,难以支撑起进口替代贸易的市场发展空间。在国内市场容量较小的条件下,仅靠升级国内的制造业——这在本质上是一种闭关自守的内源式发展道路——是很难获得制造业发展所需要的最低市场规模门槛的。二是没有关注到进口替代背后的产业链条效应。进口替代不仅仅是替代与中心国家可贸易的最终商品,而且要替代制造最终产品的中间产品和资本品。遗憾的是,以外围国家自居的拉美国家在起步阶段并没有觉察到此问题。在有目的地替代资本品或中间产品时,这类企业不能充分吸纳就业而造成大量的失业问题,导致社会矛盾的集聚,最终造成发展型产业政策的退出。

从拉美执行所谓的进口替代政策效果来看,以阿根廷为例,1930—1945 年,尽管其通过进口替代政策有效地降低了从巴西、德国、美国、英国这四个主要进口国进口的总额,但这种效应并没有持续很长的时间。在 1945 年以后,由于要满足进口替代过程中消费品生产的需求,阿根廷不得不大量进口国外的机器设备,此时对主要进口国的货物进口出现大规模反弹,造成的结果是不仅进口替代政策不能继续得以贯彻,而且还需要进口更多的货物。(见表 3-13)事实上,除了阿根廷以外,拉美国家中厄瓜多尔、巴西等国长期实施进口替代战略,导致城市化进程中的失业问题无法解决,引发了军人政变的浪潮,最终这些国家取消了进口替代战略,又重新回到了出口导向的道路上。

第二,产业政策与私人垄断资本的捆绑导致发展型产业政策的制定与实施丧失了独立性。以墨西哥为例,20 世纪 50 年代中期以后,墨西哥就出现了私人垄断资本。1965 年的统计资料显示,当年墨西哥共有工业企业 13.6 万家,资本总额 95664 百万比索,其中大型企业 2 万家,资本额达到 73824 百万比索,占比 1.5% 的大型企业却占据了 77.2% 的工业资本份额,由此可以看出资本集中的份额已经相当高(金计初,1994:135-145)。除了私人垄断资本的快速崛起外,拉美地区原始的大地主、大庄园主在发展中攫取政权,逐步演变为大资本家,并控制了产业政策制定与实施的主导权。权贵控制的利益集团使得后期的拉美产业政策很难再保持正确的航向,国家发展的成果大部分为私人垄断资本和大资本家所攫取,国内经济由于严重的

第三章 不同历史情境下的发展型产业政策

贫富分化而陷入混乱，普雷维什设计的产业政策路线也再难以延续。

表3-13 1920—1953年阿根廷主要进口国的进口总额变化情况

单位：百万比索

年份	巴西	德国	英国	美国	主要进口国的进口总额
1920	115	101	497	705	1418
1921	102	162	395	457	1116
1922	111	211	367	347	1036
1923	105	269	470	412	1256
1924	85	236	440	415	1176
1925	83	229	436	469	1217
1926	96	212	361	461	1130
1927	99	220	378	495	1192
1928	73	222	373	441	1109
1929	74	225	345	516	1160
1930	69	198	333	371	971
1931	72	136	247	185	640
1932	53	77	180	113	423
1933	58	90	210	107	465
1934	63	97	292	146	598
1935	69	100	291	160	620
1936	61	103	263	161	588
1937	79	166	323	251	819
1938	75	151	293	255	774
1939	93	123	297	220	733
1940	113	10	325	450	898
1941	140	6	269	450	865

表 3-13（续） 单位：百万比索

年份	巴西	德国	英国	美国	主要进口国的进口总额
1942	226	7	231	397	861
1943	202	0	195	179	576
1944	344	0	80	152	576
1945	334	0	116	159	609
1946	338	0	308	665	1311
1947	439	2	446	2431	3318
1948	521	13	775	2287	3596
1949	357	11	722	689	1779
1950	460	106	569	787	1922
1951	956	571	788	2199	4514
1952	881	687	509	1537	3614
1953	643	821	355	965	2784

数据来源：根据帕尔格雷夫世界历史统计（美洲卷）（1750—1993）数据整理得到。

第三，拉美发展型产业政策是在保障支撑条件缺乏的背景下实施的。即使在拉美经济进口替代政策实施较为顺利、国家经济发展较快的时期，拉美产业发展的福利也仅能惠及一小部分民众，而绝大多数民众收益甚微。统计数据显示，1950—1980年，拉美失业率大体在20%～50%之间波动，20世纪70年代仍有43%的人生活在"绝对贫困"中。与拉美发展型国家形成鲜明对比的是，欧美发展型国家在执行产业政策时尤其重视保障体系的支撑。如早在1601年，英国伊丽莎白女王就将已有的济贫惯例上升为济贫法，在全国形成了征收济贫税、建立济贫院、实行济贫安置区的济贫制度。德国则是在发达国家中最早实行社会保障制度的国家。19世纪80年代的德国先后建立了疾病保险法、工伤事故保险法等一系列社会保障机制。与拉美产业技术政策实施绩效紧密相关的保障支撑条件是教育文化水平。在拉

第三章

不同历史情境下的发展型产业政策

美地区,文盲至少有1亿人,其中5～14岁的儿童和成年人大体各半。与拉美形成鲜明对比的是,欧美发展型国家在发展初期就极为重视教育投入,德国、法国等国的国民文化水平、识字率等在当时都居世界前列。

第四,拉美发展型产业政策是在全球经济发展较快的背景下实施的。拉美发展型产业政策在前期之所以取得了积极效果,除了符合当地经济发展的现实需求和符合产业发展的一般规律以外,更重要的是全球经济环境为拉美经济的较快发展创造了一个良好的环境。仍以工业为例,在拉美进口替代政策执行时期,尽管以巴西为代表的拉美国家的工业产量取得了较快的发展,但不可忽视的是,此时期全球众多国家的工业产能都在快速扩张。仍以巴西为例,按照1960—1980年的统计,巴西制造业占世界制造业增加值的比重基本没有变化,仅是从占比4.1%增加至4.8%(高君成,1985:41-49)。由此说明,拉美发展型产业政策之所以能取得良好的成效,既有自身努力的原因,也以国际大背景为有力支撑。

需要说明的是,以进口替代为导向的发展型产业政策在拉美动荡后转向出口导向,20世纪70年代拉美泛滥的外债危机将拉美各国推向了以"华盛顿共识"为理论导向的经济发展道路。因此,拉美战后的发展道路不能用进口替代完全概括,但用进口替代基本可以概括发展主义流行时期的拉美发展型国家所走的道路。

第三节 20世纪40年代以后的东亚发展型产业政策

在发展型国家兴发之后,东亚的发展型产业政策应该是现代产业政策风行以来体系最为庞杂、实施时间最久、影响力最大的产业政策体系。作为后发国家,东亚国家的产业政策集以往发展型国家产业政策之大成,对改变二战以后亚洲落后的发展面貌产生了深远影响。

发展型产业政策演化的国际比较与理论逻辑

一、东亚发展型产业政策形成的背景

欧美发展型产业政策和拉美发展型产业政策都是在发展理论的导引下逐步形成的，走的是"先理论后实践"或"理论与实践相互促进"的道路。但东亚发展型产业政策与前两者最大的区别在于，日本作为典型的发展型国家，是东亚发展型产业政策实施的先导，其产业政策从开始制定到具体实施都没有特别成体系的理论作为指导。直至东亚产业政策取得成绩以后，才涌现出一系列解释东亚发展型产业政策的理论体系。其中，查默斯·约翰逊是使以日本为代表的东亚产业政策影响全世界的主要学者。也正是查默斯·约翰逊的学术贡献，使发展型国家理论成为炬赫一时的热点理论。

在查默斯·约翰逊以后，学术界涌现出一大批探讨东亚模式的理论著作。其中，"儒家文化论""赶超论"等等都是这时期论述东亚模式的主要理论。在探讨东亚产业政策的时候，日本的兴起和日本模式的形成是个绕不开的理论节点。战后的日本破败不堪，又陷入严重的政治和经济危机之中，然而，通过实施一系列的产业政策，日本迅速成为全球经济增长最快的国家。1950年，日本的GDP只有英国的39%，法国的38%，美国的4%。到1969年，日本经济相继超过英国和法国，并赶上联邦德国，成为仅次于美国的第二经济大国。

日本经济的成功无疑对东亚其余各国形成了强大的辐射带动作用。20世纪60年代中期以来，东亚成为世界上变化最大的地区。有数据显示，二次世界大战以后，西方黄金时期的经济增长率仅为3%～5%，而东亚地区在战后工业化进程中，经济年平均增长率提高到7%～8%，被称为"东亚奇迹"。

二、东亚发展型产业政策的表现

在东亚国家中，日本和韩国无疑是最为典型的发展型国家。研究日本和韩国产业政策的文献汗牛充栋，在此仅按照时间脉络做简要梳理。

第三章

不同历史情境下的发展型产业政策

日本的发展型产业政策萌生于20世纪40年代。在战后经济遭到严重破坏的背景下，日本政府选择了"倾斜生产方式"，优先支持煤炭和钢铁产业的发展。1949年，为遏制苏联的发展，美国决定扶持日本，确立了"稳定经济九原则"和"稳定工资三原则"，即著名的"道奇计划"。该计划帮助日本形成了稳定的金融市场，并建立起财阀银行与工业企业之间的紧密联系，为后续产业政策的实施创造了有利的条件。

20世纪50年代是日本产业政策真正形成的时期。这个时期，日本相继颁布《关于我国产业合理化的方针政策》《企业合理化》《钢铁工业和煤炭工业的合理化政策纲要》等一系列政策文件，有效推动了技术进步和劳动生产率的提升。与此同时，在外贸领域，日本为了保证有限外汇的使用效率，采取了进口替代战略，并通过企业出口补贴、出口退税等一系列措施，鼓励企业出口。

进入20世纪60年代以后，日本将产业政策的关注点放在了产业组织政策方面。通过一系列鼓励兼并重组和反垄断的措施，日本的市场竞争更加规范。在同一时期，日本实施贸易自由化和资本自由化政策，外贸出口持续增加，日本出口导向战略在此阶段完全确立。20世纪70年代以后，日本的产业政策先后关注环境保护、能源节约、高科技产业发展等重点问题，日本的产业结构逐步优化。而早期日本发展的钢铁、化纤、家电等产业相继向东南亚地区转移。20世纪90年代以后，伴随日元升值带来的出口下滑，日本经济陷入衰退。日本尽管提出了"技术立国"等方针，但总体收效甚微。

韩国产业政策与日本产业政策的实施过程有一定相似性。在1961年以前，韩国实施的也是进口替代战略，控制进口，鼓励出口。1962—1971年，韩国利用国内廉价的劳动力重点发展出口加工业，使轻纺工业成为此阶段重要的出口产品。1972—1979年，韩国开始将轻工业转向重工业，其战略是促进资本品和中间产品的提点。1980年以后，在国际金融危机的冲击下，韩国开始对原有的产业政策模式进行全面而深刻的反省。在此阶段，韩国逐步放弃原有的产业政策模式，一方面全面改革大企业，减少政府与财阀之间的联系；另一方面，制定并推行中小企业发展的产业政策，积极完善市场机制。

韩国产业政策是东亚发展型产业政策实施的一个缩影。值得注意的是,东亚的发展型产业政策既不同于在完全计划经济体制下的产业政策,也不同于拉美地区"官僚威权政治"式的产业政策,而是一种与市场相互协作的市场友好型政府主导模式,或者可以看作政府指导与市场调节紧密结合的一种发展模式。

三、东亚发展型产业政策的效果

相对于欧美发展型产业政策和拉美发展型产业政策,东亚发展型产业政策涉及范围之广、涉及层次之深、影响范围之持久为其他两种发展型产业政策所不能比,这也是东亚发展型产业政策不断取得积极成效的必然结果。从东亚产业发展的表现来看,东亚发展型产业政策的效果主要表现为以下三个方面。

第一,通过产业政策的实施,东亚主要发展型国家完成了经济的起飞转型,部分国家甚至赶超了发达国家。如表3-14所示,从产业政策实施后的工业化产能规模来看,韩国在1968—1993年扩张最快,工业产能扩张达26.45倍,其次是菲律宾和中国台湾,扩张近10倍。在此阶段,日本作为亚洲经济腾飞的领头羊,自20世纪50年代以来,产业规模已经积累并形成了较大的增长基数,故工业产能扩张的倍数较为有限。基于工业指数的分析掩盖了各国产能的绝对量大小,仅能纵向比较不同时期的工业扩张情况。而东亚主要国家和地区的经济增长速度则能清晰地反映出不同时期东亚主要国家和地区产业政策实施的绩效。

表3-14 1968—1993年东亚典型国家和地区工业指数情况

年份	日本	韩国	马来西亚	菲律宾	新加坡	中国台湾
1968	100	100	100	100	100	100
1969	116	120	109	103	118	120
1970	132	133	118	108	139	145
1971	136	153	120	119	165	180

第三章
不同历史情境下的发展型产业政策

表3-14（续）

年份	日本	韩国	马来西亚	菲律宾	新加坡	中国台湾
1972	145	176	132	130	196	217
1973	167	235	151	162	229	252
1974	161	300	167	147	239	241
1975	143	360	167	142	239	261
1976	159	465	194	153	264	322
1977	166	555	209	159	289	369
1978	176	683	257	126	323	450
1979	190	765	249	155	373	481
1980	198	750	265	191	419	512
1981	200	848	273	216	461	532
1982	200	885	289	245	436	527
1983	206	1028	324	272	444	594
1984	226	1185	377	369	486	660
1985	234	1238	366	442	448	681
1986	234	1493	403	494	486	773
1987	242	1785	435	566	570	855
1988	266	2018	499	685	679	896
1989	281	2085	557	781	746	926
1990	293	2265	626	863	821	926
1991	297	2483	695	985	863	993
1992	279	2625	753	1033	884	1039
1993	266	2745	827	1092	972	1075

数据来源：根据帕尔格雷夫世界历史统计（亚洲、非洲和大洋洲卷）（1750—1993）数据整理得到。

注：1968年为基准年份，设其指数为100。

东亚经济的腾飞总体符合日本学者赤松要的雁阵理论：20世纪50年代日本经济率先腾飞，20世纪60年代"亚洲四小龙"崛起，

20 世纪 70 年代"亚洲四小虎"起飞,20 世纪 80 年代以后中国经济腾飞,总体呈现产业顺次转移的趋势。在此阶段,东亚产业的总体规模迅速膨胀,成为全球最具活力的地区之一。(见表 3-15)

表 3-15 "亚洲四小龙"和"亚洲四小虎"战后的经济增长率比较

单位:%

国家或地区		年份				
		1951—1959	1960—1969	1970—1979	1980—1989	1990—1999
"亚洲四小龙"	中国香港	6.8	8.7	8.9	7.2	3.7
	中国台湾	8.9	9.3	10.2	6.7	5.9
	韩国	5.9	8.0	10.8	7.8	6.2
	新加坡	4.8	8.8	9.4	7.2	7.6
"亚洲四小虎"	泰国	5.5	8.3	6.9	7.2	5.4
	马来西亚	2.0	5.9	7.4	5.8	6.7
	印度尼西亚	3.8	3.0	7.3	5.0	4.3
	菲律宾	7.0	4.7	5.8	1.9	2.7

数据来源:萧国亮、隋福民(2007)。

与拉美发展型产业政策相比,东亚最重要的特征是出口导向驱动下的产业政策体系。经过产业政策的刺激,东亚国家的出口显然取得了比拉美地区更有活力的表现。其中,韩国、中国香港等国家和地区在 20 世纪 60 年代以超过 10% 的年均增速保持旺盛的出口活力,对本国家和地区产业的快速扩张形成了强大的拉动效应。(见表 3-16)

表 3-16 一些典型发展中国家和地区出口额的年均增长率

单位:%

国家或地区	年份				
	1960—1970	1970—1980	1980—1991	1960—1991	1987—1996
阿根廷	3.8	8.3	2.1	4.6	6.8
巴西	5.3	8.8	4.3	6.1	4.6

表3-16（续） 单位：%

国家或地区	年份				
	1960—1970	1970—1980	1980—1991	1960—1991	1987—1996
智利	0.7	9.5	5.2	5.1	8.7
墨西哥	3.4	8.6	3.5	5.1	9.0
乌拉圭	2.8	5.9	3.1	3.9	1.8
韩国	34.7	20.2	12.2	22.0	7.8
新加坡	4.2	—	8.9	—	15.0
中国香港	12.7	9.4	4.4	8.7	13.5
印度尼西亚	3.5	4.4	4.5	4.1	14.5
泰国	6.2	2.6	14.4	7.9	16.3

数据来源：世界银行（1999）。

第二，产业政策的实施带动了产业结构的不断优化。以日本为例，经过近半个世纪的发展，日本第一产业的比重从23%一直下降至2%，而第二产业的比重则由30%上升至41%，第三产业的比重也有显著提高，说明产业结构在逐步优化。与日本相似，韩国、马来西亚、新加坡的产业结构也有类似的变化趋势。其中，韩国和马来西亚的表现尤为显著，经过近半个世纪的发展，两国由农业国过渡到工业化高度发达的国家。（见表3-17）

表3-17 典型东亚国家的产业结构分析

单位：%

国别	年份	农业	制造业	建筑业	商业金融业	其他
日本	1950—1954	23	30	8	—	—
	1955—1959	19	32	9	—	—
	1960—1964	12	43	9	—	—

表 3-17（续） 单位：%

国别	年份	农业	制造业	建筑业	商业金融业	其他
日本	1965—1969	9	44	8	16	24
	1970—1974	6	46	6	14	32
	1975—1979	5	42	7	15	36
	1980—1984	3	41	6	15	38
	1985—1989	3	41	6	13	41
	1990—1993	2	41	6	13	42
韩国	1950—1954	45	13	2	12	27
	1955—1959	45	16	4	11	25
	1960—1964	41	20	4	13	20
	1965—1969	32	27	6	16	17
	1970—1974	26	30	7	17	20
	1975—1979	22	37	6	15	19
	1980—1984	15	41	8	13	24
	1985—1989	11	43	7	12	2
	1990—1993	8	44	7	12	1
马来西亚	1950—1954	44	—	—	—	—
	1955—1959	40	18	3	14	25
	1960—1964	31	18	4	15	19
	1965—1969	27	22	4	14	21
	1970—1974	29	28	5	14	22
	1975—1979	27	34	5	13	20
	1980—1984	20	37	6	12	22
	1985—1989	21	42	7	12	28
	1990—1993	18	42	7	11	30

第三章
不同历史情境下的发展型产业政策

表 3-17（续） 单位：%

国别	年份	农业	制造业	建筑业	商业金融业	其他
新加坡	1960—1964	3	19	13	32	33
	1965—1969	3	25	11	29	32
	1970—1974	2	32	11	26	29
	1975—1979	2	35	13	24	29
	1980—1984	1	38	14	19	33
	1985—1989	—	38	13	17	39
	1990—1993	—	37	13	18	40

数据来源：根据帕尔格雷夫世界历史统计（亚洲、非洲和大洋洲卷）(1750—1993) 数据整理得到。

东亚发展型国家产业结构的优化还体现在制造业的具体门类上。表 3-18 展示了 1965 年和 1987 年东亚和拉美部分经济体的出口结构情况。从表中的数据可以看出，以出口导向战略为主导的东亚国家整体表现出两个特点：一是出口强劲拉动经济增长。在表中，以中国台湾、中国香港、韩国、新加坡为代表的东亚经济体的出口总量及其占 GDP 的比重大幅度增长，增速显著高于开始以进口替代为主要取向、后期逐步转变为出口导向的拉美发展型国家。东亚外向型的发展特征与拉美内向型的发展特征在此指标比较下一目了然。二是在出口结构上，东亚和拉美发展型国家尽管都在经历一定时期后，纷纷转向资本品和中间产品的制造和生产，但总体来看，东亚地区在这方面显然较拉美地区要成功。以最能代表资本品和中间产品生产制造能力的机械运输设备门类为例，以中国台湾、中国香港、韩国、新加坡为代表的东亚经济体经过 20 余年的发展，机械运输设备的出口均超过 20%，而拉美地区绝大部分国家的这一指标均在 20% 以下，且绝对规模远小于东亚地区。东亚和拉美经济体的比较说明，东亚在以出口导向为主体的产业政策拉动下，产业结构调整的速度、效果更好。

表3-18 1965年和1987年东亚和拉美部分经济体的出口结构对比

国家和地区	出口额及其占GDP的比重				各项出口占总出口的比重/%							
	出口额/10亿美元		出口占GDP的比重/%		初级商品		纺织与服装		机械与运输设备		其他制造业	
	1965年	1987年	1965年	1987年	1965年	1987年	1965年	1987年	1965年	1987年	1965年	1987年
中国台湾	0.5	50.8	18	48	58	7	5	17	4	30	32	46
中国香港	1.1	48.5	51	97	13	8	44	34	6	22	37	36
韩国	0.2	47.2	7	39	40	7	27	25	3	33	29	34
新加坡	1	28.6	103	144	65	28	6	6	11	43	18	23
巴西	1.6	26.2	8	9	92	55	1	3	2	17	6	25
墨西哥	1.1	20.9	5	15	84	53	3	2	1	28	12	17
阿根廷	1.5	6.4	9	9	94	69	0	3	1	6	5	22

数据来源：世界银行（1999）。

第三章

不同历史情境下的发展型产业政策

第三，东亚发展型产业政策保障了东亚经济有效率的增长。在20世纪末，当世界竞相颂扬"东亚奇迹"的时候，著名经济学家克鲁格曼通过全要素生产率的测算证明，东亚现有的经济增长模式仍是无效率的增长，本质上和苏联模式相同。随着东亚金融危机的爆发，克鲁格曼的预言被证实，东亚由产业政策推动的经济发展似乎真的没有持续性。但从1989年国际货币基金组织测算的全球数据来看，包括东亚在内的所有亚洲地区在1970—1994年的4个时期中恰恰是最具发展活力的。从表3-19可以看出，亚洲在4个考察期，无论是潜在GDP、资本增长率，还是在要素生产率增长率方面都呈现出稳定增长态势，且总体表现远远好于非洲、欧洲、中东和拉丁美洲地区。其中，亚洲地区资本增长对经济增长的贡献在4个考察期中分别达到39.6%、48.3%、40.3%和40%；要素生产率对经济增长的贡献则分别达到43.4%、27.6%、45.8%和47.1%[1]。当然，亚洲的要素生产率对经济增长的贡献总体较高，并不代表亚洲或者东亚所有国家的要素生产率贡献均较高。在东亚金融危机中，一些国家深陷泥潭，而有些国家即使在经济危机中也依然逆势增长或很快走出金融危机的阴影，由此也可以说明一些国家在产业政策的实施推进中取得了技术进步的良好绩效。

表3-19 1970—1994年发展中国家潜在GDP增长的成因

单位：%

地区	指标	年份			
		1970—1973	1974—1982	1983—1988	1989—1994
非洲	年均潜在GDP	8.0	3.4	1.4	2.9
	年均资本增长率	3.0	2.4	0.2	0.6
	年均劳动力增长率	1.8	1.8	1.7	1.7
	年均要素生产率增长率	3.2	-0.8	-0.6	0.6

---

[1] 两组数据分别根据表3-19中亚洲"年均资本增长率/年均潜在GDP"和"年均要素生产率增长率/年均潜在GDP"测算得出。

表3-19（续) 单位：%

地区	指标	1970—1973	1974—1982	1983—1988	1989—1994
亚洲	年均潜在GDP	5.3	5.8	7.2	7.0
	年均资本增长率	2.1	2.8	2.9	2.8
	年均劳动力增长率	0.9	1.3	1.0	1.0
	年均要素生产率增长率	2.3	1.6	3.3	3.3
欧洲	年均潜在GDP	6.0	5.0	2.6	2.8
	年均资本增长率	3.5	2.6	1.4	1.6
	年均劳动力增长率	0.7	0.7	0.6	0.5
	年均要素生产率增长率	1.7	1.6	0.6	0.7
中东	年均潜在GDP	6.2	4.4	3.6	3.1
	年均资本增长率	2.7	2.9	1.1	0.9
	年均劳动力增长率	1.7	1.4	1.5	1.5
	年均要素生产率增长率	1.8	0.1	1.0	0.7
拉丁美洲	年均潜在GDP	6.5	5.1	1.6	2.9
	年均资本增长率	2.3	2.7	1.0	1.5
	年均劳动力增长率	1.6	1.7	1.4	1.3
	年均要素生产率增长率	2.6	0.8	-0.8	0.1

数据来源：国际货币基金组织（1989）。

四、东亚发展型产业政策的评价

总体来看，东亚发展型产业政策在促进产业发展壮大、优化产业结构乃至提升产业技术水平等诸多方面的成效是令人满意的，但这并不能掩盖东亚发展型产业政策实施的巨大成本和对未来东亚持续发展的巨大损害。东亚经济在后来的东亚金融危机中受到严重冲击，正是东亚发展型产业政策缺陷的必然结果。

第三章

不同历史情境下的发展型产业政策

恰如欧美和拉美发展型产业政策实施所要付出的制度成本一样，东亚在制定和实施产业政策时也付出了巨大的制度成本。如为保障产业政策的切实实施，以日本和韩国为代表的很多东亚国家都形成了严重的政商淤结。在查默斯·约翰逊的东亚研究专著——《通产省与日本奇迹——产业政策的成长（1925—1975）》中，查默斯·约翰逊曾通过大量案例研究了为什么日本的产业政策能得到切实有效的实施。他通过调研发现，政府、企业界和商界的人员流动是产业政策得以实施的重要成因。通产省的诸多官员在退休后直接去大公司、大集团担任要职，或者通过同学关系、婚姻关系、家族关系等形成联系渠道。如通产省官员山本高行在退休后直接担任富士钢铁副社长，通产省官员玉置敬三退休后直接担任东芝电气公司的社长和后任理事长，等等。这在产业政策实施的过程中发挥了重要作用，却为后续日本经济的深度转型埋下了隐患。再如，东亚国家大多实行集权式统治，这在政府主导推动经济发展的过程中非常有效率，但也成为政治腐败的温床。凡此种种，都说明东亚发展型产业政策并不完美，发展型产业政策的内在演进规律还需要深入分析。

小　结

本章分别介绍了欧美发展型产业政策、拉美发展型产业政策和东亚发展型产业政策的形成背景、表现、效果和评价。总体来看，三类发展型产业政策遵循逐层深化的演化逻辑。仅从驱动产业政策的发展战略来看，本质上，拉美是欧美发展型产业政策的继承和发挥，而东亚发展型产业政策则是对拉美发展型产业政策的进一步提炼和升华。三类发展型产业政策均以"发展"为共同目标，但尝试了不同的产业政策指导理论，同时基于不同的发展背景和文化社会结构，又产生了不同的产业发展效果。整体来看，欧美和东亚的发展型产业政策是实施得比较成功的，拉美的发展型产业政策由于理论和实践上的重大缺陷，故产业发展的绩效相对有限。

第四章 发展型产业政策的国际比较

过去我们对产业政策运行的规律总是难以达成共识，主要的原因在于我们没有对同一时期不同国家的产业政策进行对比。在总结产业政策的国际经验时，一般的产业政策研究文献总是希望通过比较当代发达国家和发展中国家的产业政策以求得到更多的启示。事实上，这种方法最大的缺陷是将两种处于完全不同的发展阶段的产业政策进行比较，由于缺乏共同的基点，两者往往不具可比性。在本书第三章对三类发展型产业政策分析的基础上，本章采用跨期比较的方式，对处于赶超阶段的发展型产业政策进行同时间段的比较，以求得发展型国家产业政策演进的共性规律。

第一节 三类发展型产业政策的共同点

欧美发展型产业政策、拉美发展型产业政策和东亚发展型产业政策均代表了不同时期、不同理论支撑下的典型产业政策模式。这三类发展型产业政策的共同点主要体现在以下五个方面。

一、政府性质的共同点

无论是欧美发展型产业政策、拉美发展型产业政策，还是东亚发展型产业政策，三种发展型产业政策均是以政府持续的发展意志为前提的。发展型产业政策是发展型国家的政策体现。与其他类型的国家

第四章

发展型产业政策的国际比较

相比,发展型国家最大的特征在于拥有一个发展意愿强烈、发展目标坚定,具有较强的持续力和凝聚力的政府。而无论是欧美发展型国家、拉美发展型国家还是东亚发展型国家,发展型产业政策获得的诸多绩效都是建立在国家统一和民族独立基础之上的。三类发展型产业政策实施的过程说明,国家发展的起点可以不同,但一国必须要有充分的自主性,产业政策才会有在既定目标下持续发挥作用的可能。基于发展型国家政府的鲜明特征,可以将诸多处于分裂或国外势力控制下的国家政府的政策行为排除在外。这些国家在缺乏自主性的条件下,是很难实施具有较强持续性的产业政策的。

二、指导理论的共同点

无论是欧美发展型产业政策、拉美发展型产业政策,还是东亚发展型产业政策,三种发展型产业政策都有较强的理论体系支撑。从发展型产业政策的理论导向来看,欧美和拉美发展型产业政策是理论指导实践的模式,而东亚发展型产业政策则先有实践,后有理论。两种模式虽然截然不同,但均立足于国情,有力地指导了不同国家产业发展的全过程。从理论的实践效果来看,拉美发展型产业政策的实施虽然由于理论的天生缺陷,造成后续产业政策因不着要点、无法产生持续有效的绩效而被迫戛然而止,但并不乏诸多拉美国家在此阶段实现了产业的快速增长。综合上述两种实施产业政策的结果来看,一种可以指导产业发展全过程的产业政策理论体系,对一个意欲实施产业政策的国家来说极为关键。这种理论的获得可以不需要天才经济学家的设计,但需要紧密结合本国实际,正确理解本国产业发展的禀赋特点及国际产业发展的总体形势,内外结合,方能制定出最有效的产业政策。

三、实施绩效的共同点

从实施绩效来看,欧美发展型产业政策、拉美发展型产业政策和东亚发展型产业政策均大大加快了本国的工业化进程,在产业政策时期,均大大缩短了与领先国家的差距,基本都实现了赶超的主体目标。在具体表现上,通过产业政策的实施,三类发展型国家不仅实现了本国产业规模的快速扩张,而且推动了本国产业结构的优化。并且从产业结构优化的历程来看,三类发展型产业都经历了从轻工业起步,到重工业发展,再到高新技术和知识型产业萌生的阶段,这样的产业发展历程符合产业升级的基本规律。当然,在世界众多国家中,这条规律并非每一个发展型国家的必然选择。对于东欧由计划经济模式转轨形成市场经济的国家而言,在转轨之前,它们都是秉承优先扶持重工业发展,后续逐步扩展至轻工业的战略。而对印度等国家而言,也有先从知识性服务业出发,再逐步拓展至轻工业和重工业。但从总体来看,从轻工业到重工业再到高精尖产业的线性升级模式符合大多数发展型国家的实际,实施线性发展战略的发展型国家往往都具有发展稳定、可持续性强的特征。

四、演化过程的共同点

从演化过程来看,欧美发展型产业政策、拉美发展型产业政策和东亚发展型产业政策均经历了由兴起到演进再到转型的变化过程。在三类发展型产业政策中,欧美实施产业政策的时间最长。其中,若以贸易保护的关税指标来衡量,美国的产业政策持续近半个世纪之久。在这半个世纪中,美国的产业政策从萌芽至1894年达到顶峰,此后产业政策逐步转型,成为一个以调节型产业政策为主的国家。19世纪40年代是德国的李斯特时代,在李斯特理论的指导下,德国产业快速发展。到19世纪六七十年代,德国已经成为自给自足的工业化国家。在德国完成统一后,李斯特理论指导下的产业政策力量逐步减弱。相较而言,拉美和东亚发展型产业政策的持续时间略短。其中,部分拉美国家的发展型产业政策仅持续了不足20年就走到了不得不转型的路口,东亚部分国家则仅用了30多年就完成了对发达国家的赶超。

五、实施成本的共同点

无论是欧美发展型国家、拉美发展型国家还是东亚发展型国家，在发展型产业政策所形成的扭曲性体制作用下，都实现了产业规模的快速扩张。其中较为成功的欧美发展型产业政策和东亚发展型产业政策在持续实施的过程中，推动德国、美国等顺利实现赶超先进国家的发展目标，使其成功跃入发达国家的行列。毋庸置疑，产业政策帮助这些国家在极短时间内完成了先进国家几十年甚至上百年才能完成的任务，同时这个过程也见证了有效的产业政策对加快不发达国家的工业化进程的强大威力。但是，这种依托产业政策的扭曲的扩张方式并不是没有成本的，也绝非一种可持续的发展模式。

对于欧美发展型国家而言，扭曲的扩张在短期内往往是各国大打贸易战的导火索。与此同时，贸易保护导致国内稀缺的中间品价格居高不下，进而延缓了产业升级的进度，也遭到了工业厂商的坚决抗争。随着欧美发展型国家的快速崛起和产业政策效应的不断显现，这些国家均不再满足于狭小的国内市场，产能扩张逐步向产业过剩转化，国内市场替代向国际市场争夺转化，进而使资本主义国家内部矛盾重重。第一次世界大战和第二次世界大战爆发的根源也在于此。

对于拉美发展型国家而言，扭曲的扩展在短期内实现了拉美经济较快发展的目标，但居高不下的价格吞噬了拉美产业政策实施残存的经济增长贡献，这也是持续实施以进口替代为驱动的产业政策酿下的苦果。在拉美发展型国家中，持续的通货膨胀在诸多国家诱发了政府更迭和社会动荡，产业政策诱发的产能扩张戛然而止，最终没有显示出持续的增长拉动效应。

对于东亚发展型国家而言，扭曲的扩张透支了经济增长赖以持续的环境资源，同时大幅贬低了资本、劳动要素价格，也使得国内消费萎靡，自然环境遭到严重破坏。东亚国家大多陷入完全依靠投资驱动的经济增长模式。对外，东亚发展型产业政策依靠扭曲成本换取产品的出口竞争力，使这些国家成为发达国家反倾销、反补贴及其他非关税壁垒打压的主要对象。东亚一时成为全球贸易争端最集中的地区。

第二节　三类发展型产业政策的不同点

在资源禀赋、制度环境都有显著差异的发展型国家中实施产业政策，得到的效果存在较多的差异。从总体来看，欧美发展型产业政策、拉美发展型产业政策和东亚发展型产业政策的不同点主要体现在以下五个方面。

一、起点和发展环境的差异

首先，三类发展型产业政策的实施起点有所不同。在三类发展型产业政策中，欧美发展型产业政策基本上是与英法等先进国家在同等发展阶段的基础上实施的。尽管在第一次工业革命时期以德国和美国为代表的后发国家落后于英法两国，但在第二次工业革命时期，德美两国基本实现了与英法两国的同步发展。与欧美发展型产业政策不同，拉美和东亚发展型产业政策均是在与发达国家有较大差距的前提下实施的。经过长达百年的积累，欧美发达国家已经形成了成熟的市场机制和优越的创新环境，又拥有雄厚的产业基础，后发国家要实现赶超是有相当大的挑战的。

其次，三类发展型产业政策实施时对应的资源要素禀赋有所不同。在三类发展型国家中，美国资源丰富，加上欧洲移民众多，极易形成产业创新发展的领先优势。德国国土面积虽然不及美国，但由于毗邻工业革命中心，所以较容易吸收英法等国的先进技术成果，加上德国资源要素禀赋较为丰富，为其在赶超阶段快速推进工业化提供了有利的条件。与欧美两个典型的发展型国家类似，拉美国家的要素资源禀赋也较为丰富，这为实施以进口替代为主导的产业政策提供了有力的支撑，但在人力资源等方面与欧美等国有较大的差距。东亚几个典型国家脱胎于世界上最贫穷的地区，大多数地区不仅自然资源匮乏，而且人力资本也较为落后。不同国家的资源要素禀赋差异对后起发展型国家的产业政策战略选择有较大影响。

第四章

发展型产业政策的国际比较

最后,三类发展型产业政策实施时对应的文化和社会结构特征也有显著差异。在三类发展型国家中,以美国和德国为代表的欧美发展型国家得益于新教伦理,其自由市场的意识较为浓厚。而东亚发展型政府的崛起则得益于儒家文化,在东亚发展型产业政策实施过程中,时刻渗透着中华文明"中庸之道"的智慧,能够很好地处理国家和市场之间的"度"、出口导向和进口替代之间的"度"。拉美发展型产业政策之所以没有得到持久的贯彻,与早期西班牙带给拉美的攫取式发展模式有较大关系。西班牙人早期给拉美带来的不是新教徒,而是天主教农民,没有文化,也没有创新与敬业精神。

综上所述,不同国家特殊的发展起点和发展环境,决定了发展型产业政策实施的路径,其效果也有较大的差异。

二、政府干预程度的差异

发展型国家强烈的发展偏好并不意味着发展型产业政策必然会脱颖而出。相反,在自由市场原教旨主义的影响下,更偏好市场自由发展的市场主义是否需要和国家发展主义相结合,这是一个不断磨合和博弈的过程。在发展型国家起步伊始市场力量薄弱的情境下,自由市场原教旨主义与国家主义竞合的最终结果是国家主义成为统筹自由市场原教旨主义的总体框架,两者的磨合和博弈在历史发展的不同阶段大致形成两种模式。

一种是在前两次工业革命时期形成的以保护本国工业化进程为主体支撑,以欧美发展型产业政策为代表的轻型发展型产业政策。这种发展型产业政策的特征在于:一方面,这种产业政策形成于工业革命兴起伊始,这个时期的工业产品门类较为简单,发展型国家对本国工业的保护大多仅限于贸易保护政策。保护政策虽然对工业产品的关税保护税率略有区分,但总体维持对本国不同工业行业贸易保护力度的相对平衡。产业政策的形式较为简单,产业政策接近于工业领域无偏向保护的贸易政策。另一方面,在这种产业政策模式下,政府与市场之间不存在深度的耦合关系。政府主要采取提高进口品价格的方式为本国企业的生存发展提供一种良好的氛围,而非直接指导或影响企业的经营。在这种产业政策模式下,政府和市场没有深厚的耦合关系,故在此将这种产业政策命名为轻型发展型产业政策。

另一种是在战后形成的以战后日本产业政策模式为代表的重型发展型产业政策。这种发展型产业政策的特征在于:一方面,这种产业政策兴起于工业化、信息化深度发展的时期,产业门类、产品种类均远较工业革命兴起时复杂。在这种背景下,产业政策的制定和实施要面临产业选择、先进产业的培育、落后产业的退出等诸多问题,产业政策实施的复杂程度显著增高。另一方面,在重型发展型产业政策中,政府和市场是深度耦合的关系。在有些发展型国家中,政府甚至直接介入,经济干预企业经营或者指导企业的运营。在这种产业政策模式下,政府和市场的耦合关系明显要高于前一类产业政策,故在此将这种产业政策命名为重型发展型产业政策。而拉美发展型产业政策上承欧美发展型产业政策,下启东亚发展型产业政策,其政府对产业发展的参与程度位居两者之间。

三、产业规模效应的差异

如果仅从产业规模扩张的速度来看,东亚发展型产业政策诱发的产业规模扩张最快,欧美和拉美发展型产业政策诱发的产业规模扩张速度低于东亚。究其原因,主要在于欧美和拉美发展型产业政策与东亚产业政策的战略有较大差异。

对于欧美和拉美发展型产业政策而言,两者本质上都是关税保护下的进口替代。这种发展型产业政策的主要特点是以关税保护为主要手段,通过提高进口国家商品的进口成本以达到压缩进口国家的市场份额、提高本国产品的价格竞争力的目的。这两种发展型产业政策的产业规模扩张效应如图 4-1 所示。假定消费者在某种商品需求领域只有国内商品和国外商品两种选择。在实施关税保护性政策之前,消费者的消费组合对国内商品的需求为 OA,对国外商品的需求为 OC。在实施保护性关税以后,进口商品价格相对提高,而国内商品相对便宜,造成国内消费者对国内消费品的需求量相对扩大,这种扩大的幅度可以用图中 OA 扩大到 OB 来直观表示。如果对进口商品征收的关

第四章

发展型产业政策的国际比较

税足够高,国内商品价格优势会更加明显,进而实现消费市场上国内商品对进口商品的替代,国内商品的产量也会因此不断扩张。采用关税保护的方法虽然提高了进口商品的成本,实现了本国商品对国外商品的部分替代,但也减少了在国内销售商品的总供给,抬高了国内商品的价格。如果本国商品供给对进口商品的依赖度较高,那么在保护性关税的影响下,本国该领域的商品价格将会上涨。如图 4-2 所示,保护性关税的影响将会使供求曲线中的供给曲线由 L_1 左移至 L_2,同时,价格由 P_1 上升至 P_2。

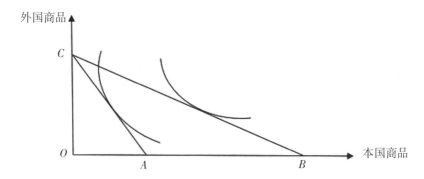

图 4-1 实施保护性关税之后国内商品和国外商品需求量的相对变化

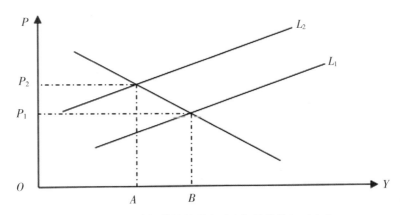

图 4-2 实施保护性关税之后市场价格的相对变化

发展型产业政策演化的国际比较与理论逻辑

从欧美发展型国家产业政策的实践来看，上述理论分析和实践的结果与之较为吻合。1860—1910年，作为较成功的发展型国家，德国在执行产业政策期间，工业产量共扩张了5.6倍，美国则增长了9.25倍，而同期法国的工业产能仅扩张了1倍，英国的工业产能仅扩张了1.7倍。在此期间，德国执行贸易保护时间最长，其国内消费物价指数从100上升至146，是欧美主要资本主义国家中唯一保持物价长期上涨的国家。1860—1880年，也是美国贸易保护最严重的时期，美国在1865年的国内消费物价甚至是1860年的1.7倍。英国在主要资本国家中最早完成工业革命，也最早实行廉价货物倾销，在此期间，英国国内消费物价整体呈下降态势。法国也是主要资本主义国家中贸易保护较为严重的国家，其国内消费物价在此期间也维持较高的水平。1880年，美国在经济总量上完成对英国的赶超后，贸易保护政策虽然较之前有所放松，但依然在较高水平。然而贸易保护政策的放松对国内物价的影响较为明显，1880年以后，美国国内消费价格指数总体呈逐步下降的态势。（见表4-1）

表4-1 1860—1910年欧美主要国家消费物价指数变化情况

年份	法国	英国	德国	美国
1860	100	100	100	100
1865	105	100	92	170
1870	107	98	111	141
1875	108	98	121	122
1880	111	93	121	108
1885	109	81	111	100
1890	108	79	119	100
1895	107	73	116	92
1900	107	81	122	92
1905	106	81	130	100
1910	111	85	146	103

数据来源：根据帕尔格雷夫世界历史统计（美洲卷）（欧洲卷）（1750—1993）数据整理得到。

注：1860年为基准年份，设其指数为100。

第四章

发展型产业政策的国际比较

拉美发展型产业政策以贸易进口替代为主要驱动，本质上也是欧美发展型产业政策的延续。但从拉美发展型产业政策实施的国际背景和国内条件来看，由于缺乏一个新技术高速迸发的时代背景，加上国内原有殖民体系遗留的制度和文化缺陷，故拉美发展型产业政策的整体效果不及欧美发展型产业政策，但负效应却较欧美发展型产业政策有过之而无不及。如表4-2所示，仅以1938—1956年为例，在拉美典型国家中，由于进口替代政策的持续实施，消费品市场价格大多上涨4倍以上。其中，智利消费品市场价格在近20年中上涨超过49倍，巴西和阿根廷国内消费价格指数上涨超过7倍。而同期的美国消费品价格却保持几乎平稳的走势，1956年和1938年相比，仅上涨近1倍。

表4-2 1938—1956年拉美四国与美国消费物价指数比较

年份	阿根廷	巴西	智利	墨西哥	美国
1938	100	100	100	100	100
1939	102	103	101	102	99
1940	104	107	114	103	100
1941	107	119	132	106	105
1942	113	132	165	123	116
1943	114	146	192	161	123
1944	114	164	215	202	125
1945	136	191	234	217	128
1946	161	223	271	272	139
1947	182	272	362	304	159
1948	207	281	427	323	171
1949	266	294	507	340	169
1950	354	321	584	362	171
1951	472	359	714	407	184
1952	667	421	868	466	188
1953	694	482	1095	458	190

表4-2（续）

年份	阿根廷	巴西	智利	墨西哥	美国
1954	722	590	1711	481	191
1955	806	726	3017	558	190
1956	917	878	5003	583	193

数据来源：根据帕尔格雷夫世界历史统计（美洲卷）（1750—1993）数据整理得到。

注：1938年为基准年份，设其指数为100。

与欧美和拉美发展型产业政策的模式不同，东亚发展型产业政策是以出口导向为主要驱动的产业政策模式。这种产业政策不是局限于国内市场，而是将目标市场着眼于更加广阔的国际市场。这种模式的优势在于，产能扩张是在国外市场需求扩大的牵引下完成的，在扩大产业规模的同时，不至于推高产品的价格。但其缺陷在于为了提高本国的产品价格竞争力，必须通过扭曲要素价格，降低本国产品的生产成本，才能充分发挥本国产品的出口竞争优势。

东亚发展型产业政策的产业规模扩张效应如图4-3所示。东亚发展型产业政策下的产业规模扩张首先是由扭曲要素市场价格、降低供给成本触发。由于供给价格下降，东亚产品获得了对外出口的竞争

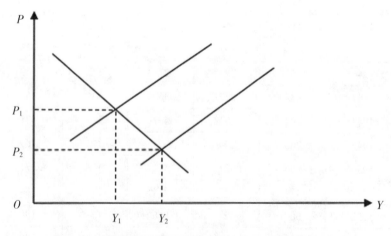

图4-3 出口导向型产业政策对产业供给和价格的影响

第四章

发展型产业政策的国际比较

力，价格由 P_1 下降至 P_2，供给量由 Y_1 提高至 Y_2。如果说以进口替代战略为主要驱动的产业政策本质上是对进口国国内市场份额的替代，那么以出口导向为主要驱动的产业政策本质上则是对其他国家国际市场份额的替代。前者的替代方式主要是通过提高进口国的关税成本，后者则主要是通过扭曲要素价格，降低本国的出口成本来实现替代，两者获取产业竞争力的路径不同，带来的影响也不同。进口替代政策造成的影响是本国商品消费价格上升；而出口导向政策造成的影响则是本国要素成本价格扭曲，不仅严重透支了本国国民的收入和消费水平，还使本国要素资源的市场价格不能得到有效反映，恶化了本国经济发展的生存环境。

使用以出口导向为战略驱动的产业政策效果无疑是显著的，但东亚产业规模的扩张没有建立在物价上涨的基础之上。从消费物价指数的变动来看，与欧美和拉美典型发展型国家实施产业政策的效果相反，东亚国家中除菲律宾以外，其他国家的消费物价指数均较为稳定。以同时期的英国和法国为参照，东亚国家中的日本、马来西亚、新加坡等国家和地区的消费物价指数甚至低于英国和法国，反映以出口导向为驱动的产业政策没有像欧美或拉美的产业政策那样出现扭曲国内市场价格的情况。（见表4-3）

表4-3 1970—1993年东亚典型国家和地区与英法消费物价指数对比

年份	日本	韩国	马来西亚	菲律宾	新加坡	中国台湾	英国	法国
1970	100	100	100	100	100	100	100	100
1971	107	113	102	122	102	103	104	106
1972	112	127	105	132	104	106	109	112
1973	125	131	116	154	131	115	144	127
1974	153	163	136	206	161	169	216	153
1975	172	204	142	220	165	178	248	157
1976	188	235	146	240	162	182	315	175
1977	203	259	153	264	167	195	361	185

表4-3（续）

年份	日本	韩国	马来西亚	菲律宾	新加坡	中国台湾	英国	法国
1978	211	297	161	284	175	207	359	193
1979	220	351	166	333	182	226	416	230
1980	237	452	178	394	197	270	499	246
1981	248	548	195	446	214	314	544	262
1982	255	587	206	491	222	323	584	299
1983	260	608	214	540	225	327	624	340
1984	266	622	222	812	230	327	675	381
1985	271	637	223	1000	231	327	686	385
1986	273	655	224	1008	228	338	634	351
1987	273	674	225	1046	229	340	654	347
1988	275	719	231	1134	233	343	675	395
1989	281	755	237	1212	238	354	706	414
1990	289	810	243	1353	246	367	700	412
1991	298	869	253	1540	254	382	682	414
1992	303	909	263	1629	259	397	684	424
1993	307	939	271	1705	265	410	716	431

数据来源：根据帕尔格雷夫世界历史统计（亚洲、非洲和大洋洲卷）（欧洲卷）（1750—1993）数据整理。

注：1970年为基准年份，设其指数为100。

四、产业结构效应的差异

欧美发展型产业政策诱发的产业结构效应主要是建立在市场基础之上的。尽管德国和美国都是政府干预力度较强的国家，但两国的工业大体仍是由市场自发推动完成的，政府在加快工业化方面具有一定的引导作用，但在直接干预方面力量较小。在美国，以贸易保护为主

第四章

发展型产业政策的国际比较

体的产业政策对产业结构的优化作用主要体现在以下三个方面：一是减少了欧洲地区尤其是英国产品的强力竞争，使美国幼稚产业在高度竞争的国际环境中艰难起步，制造业在国民经济中的比重不断提高；二是高关税政策增加了国库收入，进而形成政府用于扶持工业化发展的资金；三是高关税的负面效应间接促进了美国工业化的发展。由于高关税的实施，美国当时以农产品出口为主的贸易遭到欧洲国家的强力反制，美国农业受到严重打击，美国的工业政策因此得到贯彻落实，美国的工业化进程由此起步。从美国工业化推进的内在机制也可以看出，贸易保护在欧美发展型国家的产业结构调整中发挥间接作用。

与欧美发展型产业政策在产业结构调整中仅发挥间接作用不同，拉美政府在产业结构的调整过程中发挥了重大的作用。早在进口替代的初级阶段，拉美政府就颁布了鼓励进口结构变化的一系列政策，主要是通过关税、税收补贴等方式重点支持资本品的进口，而大幅减少消费品的进口。这种产业结构调整的初期效果在于：通过增加消费品产业的税负，进而降低居民对消费品产业的支出，以此来扩大资本品产业的收入份额。在拉美进口替代初期，产业结构调整的效果如图4-4所示。在增加消费品关税税负以后，拉美消费品的价格相对提高，故消费者的预算约束线向下移动，消费者对消费品和资本品的最优消费数量由原有的（X_2，Y_2）转变为（X_1，Y_1），由此使消费品在国民

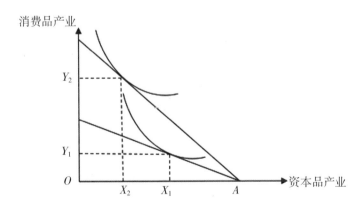

图4-4 拉美进口替代对产业结构调整的效果

经济体系中的比重下降，而资本品产业的比重相对提升。在进入进口替代的第二阶段，拉美国家提高资本品的关税税负，此时会压缩资本品在国民经济体系中的比重，而消费品产业的比重会相对上升。因此，从进口替代的产业次序来看，拉美国家存在从轻工业到重工业的发展次序。但从产业结构调整的效果来看，拉美国家的产业结构调整本质上是基于产业政策的一种收缩性调整，这种调整的最终结果总是以一种产业份额的相对上升来掩盖另一种产业绝对规模的下降。因此，在产业结构方面，轻工业和重工业的比重在不同时期会体现出一定的不稳定性。即在发展初期，产业结构中重工业比重会有短暂性的提高；而在实施第二阶段进口替代后，轻工业比重也会出现短暂性提高的现象。

从1970年至1987年，拉美国家中墨西哥、巴西两国的两大消费品工业——食品、饮料和烟草工业以及纺织与服装工业比例均呈现下降态势，但阿根廷和智利这两种消费品工业却呈现上升态势。与此同时，这四个国家在不同时期的重工业门类份额表现也有较大差异。这种产业结构调整归根结底是由不同时期产业政策调整诱发的不稳定性造成的。

东亚发展型国家的产业结构优化调整也是在政府的推动下完成的，甚至有些东亚国家的产业政策实施直接将优化产业结构作为产业政策的主体组成部分。从东亚产业结构调整的机理上看，东亚发展型产业政策对产业结构调整的机理是拉美发展型产业政策的接续和修正。在东亚发展型国家起步初期，这些国家大多也是以进口替代政策为主，但区别在于：在推动消费品工业进口替代向资本品工业进口替代的关键节点，东亚实现了由进口替代向出口导向的转型。这种模式和进口替代的接续关系在于：前期进口替代的工业基础为后期的出口导向实施奠定了基础。东亚国家通过出口补贴，逐步推动产业结构由轻工业向重工业演进。东亚发展型国家基于产业政策调整产业结构的基本原理在于：东亚国家通过倾斜性的手段，将优质资源要素优先用于出口工业的发展，利用起初的轻工业出口工业积蓄下一步重工业发展所需进口的技术及资本品外汇资金，培育重工业产业的出口竞争力，以此层层迭代，逐步推动产业结构的升级转型。

第四章

发展型产业政策的国际比较

五、产业创新效应的差异

经济学中将技术进步划分为资本节约型、劳动节约型和中性技术进步。如果技术进步导致资本–劳动比率上升,则此类技术为劳动节约型;如果技术进步引起资本–劳动比率下降,则此类技术进步就是资本节约型;如果技术进步使资本–劳动比率不变,则该种技术就是中性型。

从技术进步的途径看,一个国家或地区的技术进步大体可以分为两种模式:一种是建立在技术创新基础上的技术进步;另一种则是建立在技术引进基础上的技术进步。在欧美发展型国家起步初期,毫无例外,后起国家大多是以引进技术为主。在引进技术的过程中,以贸易保护为驱动的产业政策并未成为阻碍技术进步的实质性障碍。

以德国为例,在1825年之前,德国在引进英国技术时遭到了英国的严格封锁。但此时德国通过无数工业间谍获取技术秘密,同时通过丰厚的待遇吸引英国的技术工人迁居本国。美国则是通过积极吸引欧洲移民,带动了本国技术水平的不断提高。在工业革命时期,受英国技术进步影响,后起主要资本主义国家重点发展的是劳动密集型技术。应该说,这种技术模式在发展型国家起步初期较为适应欧洲国家劳动力充沛的基本现状。但对于美国这种劳动力不足的国家而言,劳动密集型技术会受到很大制约。在此背景下,美国在起步初期就形成了和欧洲主要资本主义国家迥然不同的技术模式。需要说明的是,无论是德国还是美国,除了积极引进英国的先进技术以外,还积极着手培育构建自身的技术创新体系。如德国大力兴办职业学校和高等院校教育,美国则于1790年确立了自己的专利制度。德国和美国的这种自主创新技术体系的培育在第二次工业革命时期收到了立竿见影的效果。在第二次工业革命时,一系列新技术、新产品是在英国、德国和美国等国家同时产生的,这标志着欧美发展型国家技术体系的成熟。

与欧美发展型产业政策相比,拉美发展型产业政策的产业创新效应主要呈现如下三个方面特点：一是技术进步主要依靠外商投资和商品贸易驱动。对于拉美发展型国家而言，外商直接投资是商品贸易直接诱发的结果。由于拉美国家长期奉行进口替代政策，国外企业进入其国的成本壁垒高，所以对于争夺拉美市场的企业而言，采用外商直接投资的方式不仅可以有效节约成本，而且更符合拉美国家进口替代的政策导向。依靠外商直接投资，拉美国家解决了进口替代初期技术匮乏的难题，但同时也带来了对外商投资技术强烈依赖的问题。随着当地工业部门越来越深入地融入外商投资企业的技术网络，拉美国家大量的外汇以技术转让费、特许权费、技术援助支付等方式源源不断地流出，这使得进口替代不像已有理论所预期的达到降低国际资本依赖的效果，反而更加依赖于中心国家。当然，在拉美发展型国家起步初期，引入外商投资也会对其国的技术进步形成一定的溢出效应，但这种溢出效应仅局限于技术复杂度较低的消费品工业。对于复杂度较高的资本品工业，由于拉美本地的吸收能力有限，加上仅仅依靠本国市场难以形成市场规模效应，故溢出效益在拉美后期的进口替代阶段的效果很难得到充分发挥。二是劳动节约型和资本节约型技术发育均不充分。由于拉美发展型国家和一般的发展中国家一样，都具有劳动力资源丰沛、资本不足的基本特点，故在实施进口替代战略初期，产业的发展都具有资本节约型的特点。但在进口替代战略实施到一定程度以后，拉美发展型国家没有及时转向出口导向战略，造成国内资本节约型技术的发育并不充分。而在转向资本品进口替代战略以后，由于原有的资本节约型技术催生的产业没有充分发育，故其很难为后续的资本品替代战略提供有力支撑。与此同时，拉美着力发展的部分劳动节约型技术也不得不中途夭折，进而造成劳动节约型和资本节约型技术发育均不充分。三是自主创新水平较为落后。与欧美发展型国家赶超先进国家的国际背景不同，拉美国家是在发达国家产业分工体系已经形成、技术标准已经较为成熟的环境下进行赶超的，这意味着拉美国家无法实现与先进国家技术进步领域的同步发展。加上发展型国家起步初期，拉美国家可以用于研发新技术的资金比较有限，且后发国家本身缺乏促进技术进步的创新机制，故拉美国家的自主创新水平大多较为落后。这在本质上不仅是拉美国家的现状，也是一般发展中国家共同面临的问题。在上述三种因素的持续影响下，拉美发展型产业政策带来的产业创新效应较为有限。

东亚发展型国家的技术进步状况与拉美国家有着相似的背景，但产业政策发挥作用的差异性主要表现在贸易战略的及时调整，由此诱发了资本节约型技术更充分的发育。但由于没有大规模的科技投入和自主创新体系的建设相配合，所以东亚发展型产业政策的创新效应也较为有限。

第三节　发展型产业政策国际比较的启示

基于欧美发展型产业政策、拉美发展型产业政策和东亚发展型产业政策的比较，可以得到一些有益的启示。这些启示主要表现在以下六个方面。

一、产业政策是后起国家赶超先进国家的有效手段

一国经济增长和产业发展是否需要国家干预是经济学自萌生以来就争论不休的话题。在一般的经济学教科书中，发展中国家和发达国家的产业政策有着截然不同的内涵：似乎发展中国家的产业政策总是与强大的政府干预、企业寻租、市场效率低下等紧密相连；而发达国家的产业政策总是与市场自发调节、弥补市场失灵等紧密联系在一起。发展中国家的产业政策与发达国家的产业政策在性质上存在泾渭分明的界限。然而，纵观世界产业政策发展史，从产业政策演进的完整历程来看，发达国家并非天生就是市场自发调节的状态，而是与当今发展中国家的产业政策现状一样，都是从政府对产业的强力干预起

发展型产业政策演化的国际比较与理论逻辑

步的,包括英国①、法国②、德国、美国。无论是欧美、拉美还是东亚发展型产业政策实施的绩效都表明,只要制定适合本国发展道路的产业发展战略,政府具有较强的发展意志,产业政策完全可以作为后起国家赶超先进国家的有效手段。

---

① 在发达国家兴起之初,虽然很多政策没有冠以"产业政策"的名号,却包含有现代产业政策诸多共性的事实。而这些隐形的产业政策恰恰为发达国家的兴起奠定了基础,并为市场调节机制的催生提供了有力的支撑。以英国为例,在工业革命之前,英国的纺织工业一直都是印度的附庸。1701 年,为应对印度纺织品的强大竞争,英国通过《棉布法案》。这些法律不仅对印度进口的所有棉纺织产品征收极高的关税,甚至号令全国上下禁止穿以印度纺织品制作的服装。不论《棉布法案》的出台在当时是一种有意识的产业政策还是无意识的产业政策,该法案在客观上都为英国的棉纺织业发展发挥了重大的作用。在这种贸易保护的氛围下,英国棉纺织业厂商的投资回报率有所提升,并直接催生了后期大工业技术的应用乃至英国的工业革命。同样的案例还出现在航海业、农业等诸多领域。如16 世纪,为打破荷兰人在航海业的垄断优势,英国通过航海条例,规定从地中海、波罗的海到英国的货物只能由英国船只运输,同时大力奖励造船业和航运业,相关政策构成了英国崛起的关键因素。如果说对棉纺织业、航海业的政策只是针对部分产业的产业政策,那么一些贸易保护的产业政策则覆盖了几乎所有领域。事实上,在 16 世纪以前,英国一直处于欧洲发展的边缘。在经济上,英国落后于尼德兰,英国出口的羊毛及其他半成品要在欧洲其他国家加工。进入 16 世纪以后,英国实行严厉的贸易保护政策,对出口原材料课以高关税,对进口的原材料则免于征税。同时,以保护关税政策来限制不利于本国的某些国家的商品输入,这些政策为英国后期的产业发展发挥了重要的作用。

② 作为一个具有政府主导传统的国家,法国从来就不缺乏对产业发展有直接干预作用的产业政策。在法国经济发展早期,为大力发展资本主义工场手工业,法国财政大臣柯尔贝尔采取了一系列政策:a. 对手工工厂进行严格的管制,制定相关标准对产品规格、工艺技术和企业管理做出具体规定,以保证产品品质;b. 通过补贴、贷款、降低利率、废除内地贸易关卡、减免工厂主和工匠的捐税以及应服的兵役等措施支持手工业的发展;c. 建立技术学校,培养技术工人,学习国外新的技术和生产方法;d. 政府通过购买的方式接管部分公司,并承担对工厂及其主要客户直接管理的责任;e. 授予手工业工场皇家制造商的荣誉头衔并给予相应垄断特权;f. 采取一系列对工场一方有利的法律制度和政策体系;g. 对进口工业品实施严格的关税保护。从上述法国早期的手工业发展措施来看,其大致包含当今所有国家产业政策的主要形式。如果英国早期经济的发展尚不存在系统的产业政策,或者仅是无意识的产业政策,那么法国则是直接将产业政策推向实践,是一种有意识的产业政策。

第四章

发展型产业政策的国际比较

二、比较优势作为产业政策制定的出发点条件并不充分

在三类发展型产业政策中，有的国家的发展型产业政策制定是基于本国的比较优势，有的则不然。其中最为典型的是美国汉密尔顿的产业政策。建国之初，作为一个以粗放经营和以自然经济为主导的农业社会，美国面临的首要问题是：究竟应该仿效英国再造一个工商业繁荣的国家，还是立足于本国的比较优势，走农业立国的道路。这个问题在美国财政部长汉密尔顿和国务卿杰斐逊之间争执不休。最后的事实表明，以"工商立国"的道路更符合美国发展的长远取向，而农业立国尽管符合美国的比较优势，却不能为美国带来持续的繁荣。拉美实施以进口替代为导向的产业政策，在本质上是出于自身比较优势的考量，但最终结果表明，这种产业政策的效果并不尽如人意。综合以上发展型产业政策的案例可以说明，绝对的比较优势不是一国制定产业政策的基点，更不是决定一个国家产业政策成功的标准。

三、产业发展战略好坏是决定产业政策成败的重要因素

在三种发展型产业政策中，贸易战略均占据重要位置。从欧美发展型产业政策的贸易保护政策出发，拉美发展型产业政策和东亚发展型产业政策均积极继承并做了符合本国国情的发挥和延展。之所以三类产业政策均以贸易战略为驱动力，是因为赶超先进国家和参与国际市场竞争是促进发展型国家制定产业政策的直接要素。从实施的角度来看，产业政策本身并无优劣之分。在进口替代战略中的产业发展举措和在出口导向战略中的产业发展举措都包括企业补贴、贴息贷款等诸多方面，表现形式没有多大差异，但在不同产业发展战略之下，产业政策的绩效表现迥异。因此，在国际竞争的环境下，一个国家采取怎样的发展战略是本国产业如何发展的决定性因素，产业发展政策只

是发展战略的进一步落实和外在表现。产业发展战略正确,才有可能保证产业政策见效;产业发展战略错误,产业政策则效果平平,甚至会起到遏制产业发展的效果。

四、发展型产业政策与创新之间并无严格的线性关系

综合欧美、拉美和东亚发展型产业政策的产业创新效果来看,一个国家的技术进步水平能否得到显著提高,归根结底还是由本国的自主研发能力决定的。通过贸易或外商直接投资固然可以在短期内实现技术进步的突破,但并不能带来一个国家的持续增长,更不能解决一个国家长期的产业发展问题。从欧美、拉美和东亚发展型产业政策的产业创新效果分析还可以看出,发展型产业政策的实施可能会带来产业规模的快速增长,但和创新的培育方面并无紧密的线性关系。一个以贸易保护为典型的封闭性经济体完全可以通过自主创新体系的培育弥补贸易保护对技术进步造成的损失。对于发展中国家而言,从先进国家引进先进技术是推动技术进步的一条重要途径,这种方式在发展型国家起步阶段不仅具有必要性,而且具有可行性。但这种依托外援式的技术进步要建立在正确的产业发展战略之上。同时,是否具有足够的吸收能力也是决定发展型国家起步初期能否实现技术进步的必要条件。

五、发展型产业政策绩效的持续发挥须满足发展理性与政府能力双重条件

纵观欧美发展型产业政策、拉美发展型产业政策和东亚发展型产业政策的演化历程,结合三类发展型产业政策实施的正反两方面的经验,可以看出发展型产业政策的成功演化应该具备三个基础条件:一是政府理性;二是政府的自主性;三是政府的自律性。其中,第一个是政府要有发展理性,第二个则是能否打造政府能力的范畴。

所谓政府理性,原则上应该包括目标的明确性和政策的科学性两个层面的内容。具体应该包括三个方面的含义:一是政府以发展和提

第四章

发展型产业政策的国际比较

升本国经济实力为基本目的。这里既包括后发国家为赶超发达国家制定的一切策略、方针、政策,也包括发达国家为提升相对落后产业的综合竞争力所实施的基本法案或政策文件。无论是后发国家还是在产业竞争中相对落后的发达国家,产业政策的实施归根结底都是为了发展这个根本目的。二是政府以发展为基本目标。在有限的信息条件下,积极寻求最满意的产业政策实施方案,在引导市场资源配置、优化产业结构等宏观方面具有理性的发展思路。三是在第二种含义下,产业政策的实施通常具有战略性和系统性的特征。其产业政策实施方案既考虑现有条件的可操作性和近期成本,也考虑远期发展收益,积极谋求近期和远期发展利益的平衡。

所谓政府的自主性,是指发展型国家的产业政策制定和实施具有不屈从于任何外力干扰的特征,具有显著的独立性。国际著名的发展经济学大师刘易斯曾在其名著《经济增长理论》中提出了一个经济增长的悖论。他认为,发展中国家要发展和赶超往往需要政府发挥相当广泛的职能,但不发达国家在承担这些广泛职能方面往往比发达政府无能,这是发展中国家经济增长的悖论。综观国际上的发展中国家,政府的无能又往往与本国或他国利益集团的左右紧密相关。因此,发展型国家如果要从发展中国家群体中脱颖而出,政府的自主性是个必要条件。没有发展型国家政府的自主性,就没有发展型产业政策的实施。即使发展型产业政策的制定非常科学,发展型产业政策也很难发挥出应有的具有正确偏向的绩效。

所谓政府的自律性,是指政府应该具备保障产业政策可持续执行的组织能力、指导能力、监督能力、调控能力等。战后的拉美国家和东亚国家实施产业政策时,政府的自律性差异是两类发展型产业政策绩效截然不同的重要成因之一。甚至在东亚国家内部,自律性的差异也使不同时期或不同国家和地区之间的产业政策绩效有显著差异。其中,"亚洲四小龙"和"亚洲四小虎"在东亚经济危机中截然不同的表现,在本质上是由政府的自律性差异造成的,同时也印证了能否在产业政策实施过程中保持自律性是产业政策成败的关键。

在上述三个条件中,自主性和自律性是政府的主观条件,是可以通过政府能力建设实现的。但政府理性的实现却不完全是主观的行为。之所以如此，是因为承认政府的理性并不等于政府可以全知全能，充分掌握一切市场信息。恰恰相反，在发展型产业政策的实施过程中，政府理性是建立在市场机制不完善和政府掌握信息不充分的前提下的。首先，市场规则的形成是一个渐进的过程。在经济发展中，市场规则的形成与市场经济的建构基本上具有同一性质。对于广大发展中国家而言，只有解决好市场规则的问题，才有可能利用市场机制提高经济运行的效能，进而加速经济的增长。然而，现实的条件是，绝大多数发展中国家的市场机制并不健全。其次，政府实施产业政策的信息环境是不完备的。发展型产业政策的实施之所以有成功也有失败的案例，是因为信息的完备程度是影响其效果的重要因素。政府理性是在上述两个假设前提下的有限理性，而非完全理性。

六、任何一种发展型产业政策都会带来市场机制的扭曲

从欧美发展型产业政策到拉美发展型产业政策，再到东亚发展型产业政策，不同发展型产业政策总是包含着对市场的扭曲。扭曲性制度是扭曲理论的一部分。经济扭曲的思想早在1847年就已经萌生，在20世纪50年代哈勃勒、哈根、刘易斯等人的发扬后，最后在20世纪60年代由巴格瓦蒂对这一理论进行了系统性的创新和总结[①]。

所谓扭曲，在巴格瓦蒂看来，就是在不完美市场下经济活动对帕累托最优状态条件的背离。在开放的经济条件下，假定构成世界经济交换的主要是两种产品，那么满足帕累托最优的完全竞争条件下的均衡条件是

$$DRS = DRT = FRT \tag{4.1}$$

$$MRS_{LK}^1 = MRS_{LK}^2 \tag{4.2}$$

其中，DRS 表示国内消费的边际替代率，DRT 表示国内的边际转换率，

---

① 关于扭曲理论的详细数学证明及分析可参看亚蒂什·N.巴格瓦蒂、阿温德·潘纳加里亚、T. N. 施瑞尼瓦桑著，王根蓓译：《高级国际贸易学（第二版）》，上海财经大学出版社2004年版。

第四章

发展型产业政策的国际比较

即以一商品表示的另一商品的机会成本，FRT 表示国际的边际转换率，即一国的贸易条件。MRS_{LK}^1 和 MRS_{LK}^2 分别表示两种商品的资本与劳动的边际替代率。

如果上述帕累托最优条件无法得到满足，就意味着经济运行发生了扭曲。在一般的经济运行中，扭曲常常会有以下四种表现形式：

第一，消费扭曲，即 $DRS \neq DRT = FRT$。此时国内消费的边际替代率不等于国内的边际转换率，但国内的边际转换率等于国际的边际转换率。

第二，生产扭曲，即 $DRT \neq DRS = FRT$。此时国内消费的边际替代率不等于国内的边际转换率，但国内消费的边际替代率等于国际的边际转换率。

第三，贸易扭曲，即 $DRS = DRT \neq FRT$。此时国内消费的边际替代率等于国内的边际转换率，但国内的边际转换率不等于国际的边际转换率。

第四，要素市场扭曲，即 $MRS_{LK}^1 \neq MRS_{LK}^2$。此时两国或两种商品的资本与劳动的边际替代率不相等，生产点也不是生产可能性曲线上有效的点。

上述四种扭曲的形成，既有市场内生原因，也有政策干预成因。从欧美发展型产业政策到拉美发展型产业政策，再到东亚发展型产业政策，不同发展型产业政策造成的扭曲性制度存在随机扭曲和择定扭曲的根本差异。

在欧美发展型产业政策和拉美发展型产业政策下，发展型国家通常会使用关税、进口配额、补贴与本币升值等多种政策手段，限制别国产品的进口，而重点鼓励本国相关产业部门对主要进口部门产品的替代。进口替代是这类产业政策的主体形式。从国际贸易的一般原理看，进口替代战略抛开本国的比较优势，积极尝试构建新的产业分工体系。这种设想符合向先进国家转化的总体趋向，但具有较高的挑战性。在欧美发展型产业政策实施初期，这种产业政策的战略导向就饱受争议和质疑，如美国就经历了汉密尔顿和杰斐逊的长期论战。尽管最终证实汉密尔顿的产业政策思路更具有前瞻性，但美国长达半个世纪的关税保护也印证了通过关税保护促进本国产业体系重建的长期性和艰巨性。在实施关税保护或进口替代的过程中,由于本国没有确定的比较优势作为依据,因此很难判断究竟哪一种产业能在贸易保护或进口替代的战略中迅速崛起,或判断已经培育成型的产业是否具有持续的发展能力。在以这种贸易战略为驱动的产业政策下,政策对产业发展的影响是无偏向性的,形成的各种配套性制度也是一种随机扭曲性的制度安排。

在东亚发展型产业政策下,发展型国家推行的是以比较优势为理论基础,通过国际分工最大限度获取贸易好处的产业政策。这种产业政策的表现形式包括税收、补贴、汇率等多方面,但产业实施的重点领域是非常明确的,就是那些本国有一定比较优势的行业。当然,随着本国出口导向战略的深入,比较优势也在发生动态变化,产业政策扶持的产业重点也随比较优势的变化而变化。由于这种产业政策建基于本国的比较优势,产业发展导向明确,产业政策扶持的方向也具有显著的倾向性,故在这种发展型产业政策下形成的配套性制度在本质上是一种择定扭曲性制度。

需要说明的是,除了上述两种模式以外,还有诸多将进口替代与出口导向战略紧密结合起来的复合型产业政策模式。这种模式综合了进口替代与出口导向两种战略的优点,但在这两种战略下形成的扭曲性制度也将是随机扭曲性制度和择定扭曲性制度的综合。

小 结

本章是对本书第三章发展型产业政策历史表现的进一步总结。通过分析得出:政府性质、指导理论、实施绩效、演化过程和实施成本等方面的一致性造就了不同发展型产业政策的诸多共同特征,但起点和发展环境的差异、政府干预程度的差异则最终造成了不同发展型产业政策绩效的诸多差异。总体来看,发展型产业政策作为后起国家赶超先进国家的有效工具是成功的,但这是建立在一定条件之上的。政府只有满足政府能力和发展理性两大条件,发展型产业政策的绩效才能显现。而这也是造成不同国家发展型产业政策绩效差异的主要成因。

第五章　发展型产业政策的制度演化逻辑

在发展型产业政策的跨期比较中，实质上隐含着两种发展型产业政策的演化：一种是从时间维度看，从欧美发展型产业政策到拉美发展型产业政策再到东亚发展型产业政策的演化。这种演化的理论逻辑在于，后发国家发展型产业政策的制定与实施总是在学习借鉴以前发展型产业政策实施的经验的过程中形成的，人类自生的学习机制是这种发展型产业政策跨期演进的基本逻辑。另一种是从空间维度看，为什么同类国家内部会形成发展型产业政策？从欧美发展型产业政策到拉美发展型产业政策再到东亚发展型产业政策，这三种发展型产业政策演进有什么共同的逻辑？这涉及解析发展型产业政策本质规律的问题，同时也是本书重点探讨的内容。围绕发展型产业政策演进的本质规律，本书重点从制度和效应两个角度予以分析。本章先介绍发展型产业政策中集体行动诱发的制度演化逻辑。

第一节　发展产业的两种制度选择

发展型产业政策的基本目标是发展。发展产业对于一个国家或地区而言只有两种制度可以选择：一种是基于市场自发秩序形成的市场制度，另一种是基于政府干预形成的产业政策制度。为什么发展型国家最终选择了产业政策制度而不是市场制度？这是决定发展型产业政策生发的基本问题，而理解此问题的关键在于分析这两种制度的成本。

发展型产业政策演化的国际比较与理论逻辑

一、市场制度

制度经济学的重大发现之一，是明确了使用市场是有成本的。在制度经济学大师科斯的经典论文《企业的性质》中，他一般性地列举了使用市场的诸多成本，如价格和市场信息搜寻的成本、谈判和签约的成本、履行合约的监督成本等。对于发展型国家而言，发展产业若使用市场制度，最大的成本是价格机制的形成成本，本质上也是市场机制建设的成本。

对于刚刚起步的发展型国家而言，其面临的最大问题是没有形成满足市场需求的供给体系和供给能力。如图5-1所示，在发展型国家起步初期，大多数国家会面临工业基础薄弱、工业生产能力滞后的问题。除了农产品和少数工业品可以生产之外，大部分工业品没有能力生产或者缺乏配套的生产条件。在这种条件下，即使企业自身通过各种方法解决生产问题，生产出来的产品由于缺乏规模效应，故成本也会很高，相应的供给价格也会很高。在这种情况下，在供给能力满足市场需求之前，发展型国家的市场供给曲线在本质上都是弯曲的。对于正常的市场需求而言，理想的市场成交价格为 P_2，成交量为 X_2。

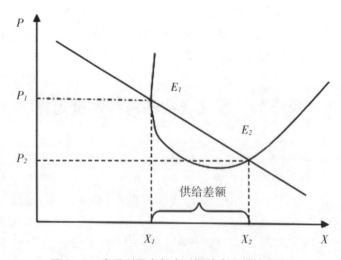

图5-1 发展型国家起步时期的产业供给曲线

第五章　发展型产业政策的制度演化逻辑

而在此阶段的发展型国家由于缺乏供给能力，故只能供给 X_1，供给的价格为 P_1。P_1 和 P_2 相比，显然企业的供给价格大于理想市场均衡时的供给价格，故这种交易在本质上是不可能发生的。

如图 5-2 所示，发展型国家起步时期的产业供给曲线说明：在满足供给差额之前，理想的市场制度在发展型国家初期是不可能实施的；只有供给差额不断填补以后，使用市场制度的成本才会不断下降，直至形成正常的市场机制。

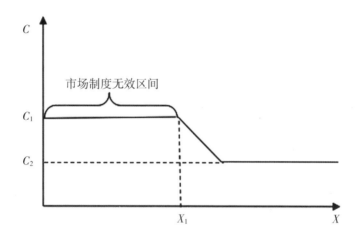

图 5-2　发展型国家起步时期的产业供给曲线

上述看似简单的市场制度形成过程，在大多数发展型国家的市场建构中却经历了漫长的过程。围绕市场制度的形成，周军（2005：1-7）曾详细考察了西方发达国家和全球典型发展中国家的市场制度形成过程。其基本结论是：西方国家市场规则的形成经历了一个长期的过程，从 11 世纪商法的出现到 20 世纪 30 年代劳资规则的最终确立，市场经济的发育形成大致经历了 1000 年左右的时间。而世界上大多数发展中国家的市场制度都不健全，尚在完善之中。

二、发展型产业政策所形成的制度

发展型国家起步初期，市场制度的失效迫使这些国家采取产业政策的替代措施。而从市场制度的供给角度来看，采取产业政策制度会有双重效果：一是显性效果，即政府有意识地利用产业政策增加供给，持续提升本国发展产业的能力；二是隐形效果，即政府在以发展为目标时，无意识地实现了市场增进的效果，而这无疑又为后期市场制度替代产业政策埋下了伏笔。

然而，发展型产业政策能否持续贯彻取决于两个问题：一是发展型产业政策所形成的制度成本，即如果使用产业政策制度的成本足够高时，产业政策就会难以使用；二是发展型产业政策执行过程中政府与企业的理性认知水平，即面向发展目标，政府和企业能否通过利益调整实现集体行动，最终能否形成一个相对稳定的制度性安排。

第二节　发展型产业政策的制度成本

一、制度成本的构成

发展型产业政策的实施是一个复杂的集体行动现象。按照集体行动理论的一般原理，集体行动包括参与者、决策方式和选择标准三个基本要素。

（1）参与者：由政府和企业组成。其中，政府既包括中央政府，也包括地方政府；企业既包括参与产业政策制定的企业，也包括不直接参与产业政策制定的企业。

（2）决策方式：通常是专家决策形式。如德国是委托行业协会来决策，美国通常是由联邦政府和地方政府授权决策或代议制决策，拉美和东亚很多国家都是由专家委员会来制定决策，有一些国家则是政府直接采取集权的独裁决策方式。总体来看，由于企业群体数量较大，故小集团决策是实施产业政策最主要的决策方式。

（3）选择标准：通常是由政府选择最能代表产业发展长远利益的决策，但不排除被少数利益集团绑架，制度选择呈非中性的特征。

集体行动要平衡两种性质完全不同的成本：决策成本和外在成本。所谓决策成本，是指单个参与者为了使集体决策得到所需的同意

第五章
发展型产业政策的制度演化逻辑

人数规模而耗费的时间与精力。很显然,集体决策成本随参与人数的增多而上升。所谓外在成本,是指在规则的选择中,由于其他人的行动而使单个参与者承担的成本。例如,若一部分企业不参与产业政策决策,不需要政府出台政策获取更多的发展机会,那么这部分企业就要承受在政府出台产业政策之后的影响。这种影响可能是正面的,也可能是负面的,但我们都可以将其看作非参与决策者所要承担的外在成本。很明显,在一个大的集体行动群体中,参与决策的人数越多,外在成本就会越低;参与决策的人数越少,外在成本就会越高。外在成本和决策成本之和构成集体行动的总成本。若以 C_1 为决策成本,C_2 为外在成本,两种成本的总和记为 C_t,那么三者的关系如图 5-3 所示。

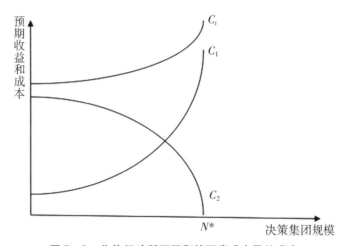

图 5-3 集体行动所须平衡的两类成本及总成本

发展型产业政策的制定通常是由代表产业的一部分企业或者专家代理人最终决定的。这种制度实施的模式决策成本较低,但外在成本较高。在企业数量较少、企业诉求较为一致的情况下,这种小集团决策模式较有效率;若是在企业数量较大、企业诉求难以形成共识的情况下,这种小集团决策的外在成本就会快速上升,造成集体行动的总成本快速上升,进而制约集体行动。

除了上述小集团决策模式以外,还有一种用以协调大群体集体行动的大集团决策模式。这种决策模式的决策成本较高,而外在成本较低。小集团和大集团决策模式下的集体行动成本如图5-4、图5-5所示。发展型产业政策下的集体行动将从大集团和小集团决策下的集体行动模式选择中决定。

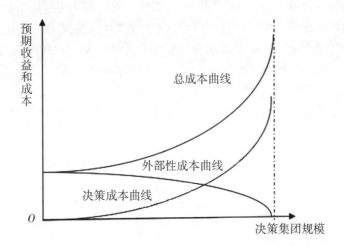

图5-4　小集团决策模式的成本分析

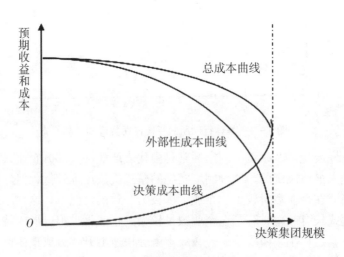

图5-5　大集团决策模式的成本分析

第五章
发展型产业政策的制度演化逻辑

二、制度选择中的利益集团

利益集团在发展型产业政策的制度形成中发挥关键的作用。奥尔森分析了利益集团对经济增长和制度变迁的影响,认为利益的变化是制度变迁的基础。由于发展型产业政策的制度设计都是倾斜性的,故制度天生就是非中性的。这种发展型产业政策的制度非中性主要体现为三个方面:一是制度可能只为特殊的产业部门服务,有可能损害非扶持产业的利益;二是制度可能会形成产业政策的再分配效应,通过产业政策实施所获得的收益容易被"供应者偏向"左右;三是发展型产业政策在利益集团的绑架下,最终可能会沦为利益集团攫取其他产业利益的工具。

利益集团对发展型产业政策的影响在发展型产业政策的演化过程中随处可见。在韩国,政治选举往往成为财团之间角力的工具,故不同财团支持的政治势力一旦上台,就会出台有利于本财团发展的政策措施。在欧美发展型产业政策时期,德国和美国出台的一系列政策也是代表某些利益集团的。凡此种种,均说明利益集团在发展型产业政策的演化中扮演着重要的角色。利益集团与利益集团之间以及利益集团与非利益集团之间的博弈贯穿了发展型产业政策演化的全过程,同时也是影响发展型产业政策制度成本的主体因素。

第三节 发展型产业政策制度的形成

本书第五章第一、第二节分别介绍了发展型国家起步初期的市场制度缺陷和选择产业政策制度的可行性。但发展型国家最终选择发展型产业政策是一个长期博弈的过程,发展型产业政策在确立之初如何突破利益集团的束缚和认知的局限性仍是有待深入探讨的话题。为说明此过程,本节首先探讨发展型国家起步初期的制度博弈环境,然后探讨在发展型国家起步初期形成的制度博弈均衡是否具有稳定性。

一、发展型国家起步初期的产业政策进化博弈

发展型国家起步初期的产业政策进化博弈是建立在两个假设前提下的：一是发展型国家起步初期市场机制不完善，企业无法通过市场制度获取生产利润，政府也无法通过市场制度获取税收收益。二是政府和企业的市场意识发育都非常缓慢，市场理性是逐步建立的。无论政府还是企业，对市场和产业政策制度的认知都遵从有限理性假设。

在上述两种假设前提下，仅从完全信息和完全理性博弈的角度来看，如果企业不和政府合作，企业不仅在国际市场上没有竞争优势，而且在国内市场也难以满足国内消费的基本需求。对于政府而言，没有企业的外汇出口和成长发展，政府也没有启动国家建设的基础资金和税源。所以从博弈的角度来看，如果双方没有合作，长期来看双方收益均为0。理想的博弈均衡结果是双方采取合作的方式。双方的博弈过程如图5-6所示。

		企业	
		同意	不同意
政府	同意	1, 1	0, 0
	不同意	0, 0	0, 0

图5-6 发展型国家起步初期政府与企业的博弈关系

事实上，无论政府还是企业都是有限理性的。仍以美国汉密尔顿的工业化政策为例，在美国立国之初，围绕如何选择经济发展道路的问题，美国国父杰斐逊和汉密尔顿争执不休。杰斐逊认为，美国应该坚持"农业立国"，以此建立一个以自由农民为主体的民主共和国。汉密尔顿认为，美国应该坚持"工业立国"，由于当时美国工商业力量薄弱，故需要国家政权对工商业进行保护。两种经济发展道路隐含

第五章

发展型产业政策的制度演化逻辑

的是两种处理政府与市场关系的模式,如何决策是一个需要反复博弈和不断深化认知的过程。企业的成长发展战略制定同样如此,其内部也是一个需要反复博弈和不断深化认知的过程。

现在假定政府群体由同意方和不同意方组成,企业群体也由同意方和不同意方组成。假定每个群体中"同意"类型的博弈方比例为 x,"不同意"类型的博弈方比例为 $1-x$。每个博弈方决策时既可能遇到"同意"类型的对手,也可能遇到"不同意"类型的对手,前者概率为 x,后者概率为 $1-x$。根据上述假设,可以分别计算出政府与企业双方"同意"和"不同意"选项的期望收益。如果将"同意"方收益记为 u_y,将"不同意"方收益记为 u_n,那么两方的预期收益可以表示为

$$u_y = x \cdot 1 + (1-x) \cdot 0 = x \tag{5.1}$$

$$u_n = x \cdot 0 + (1-x) \cdot 0 = 0 \tag{5.2}$$

由此可以得到群体成员的平均收益为

$$\bar{u} = x \cdot u_y + (1-x) \cdot u_n = x^2 \tag{5.3}$$

从上述结果可以看出,除非 $x = 0$,否则"同意"类型的博弈方收益显著高于"不同意"类型的收益,且高于平均收益。这意味着对于"不同意"方而言,即使短期内不能充分认识和评估选择"同意"的收益,但经过一段时间的积累,迟早会发现选择"同意"和"不同意"的差异,进而可以逐步模仿"同意"方的行为,"同意"方的比例会逐步增加。从上述描述中也可以看出,"同意"方的比例随时间变化呈上升趋势,"不同意"方的比例随时间变化呈下降趋势。两者均可以写成时间 t 的函数。将"同意"策略类型的动态变化速度写成动态微分方程,可以表示为

$$\frac{\mathrm{d}x}{\mathrm{d}t} = x(u_y - \bar{u}) \tag{5.4}$$

将上述预期收益表达式代入动态微分方程可得

$$\frac{\mathrm{d}x}{\mathrm{d}t} = x(x - x^2) = x^2 - x^3 \tag{5.5}$$

当 $1 > x > 0$ 时,上述动态微分方程恒大于 0。这意味着"同意"策略类型的比例会持续上升,最终所有博弈方都会趋向于"同意",

也就是 $x = 1$。

将上述复制动态博弈过程描述为如图5-7所示的相位图。$x = 0$ 和 $x = 1$ 是两个稳定点，然而初始点有采用"同意"策略的博弈方，故 $x = 0$ 并不稳定，最终会向 $x = 1$ 这个稳定点转化。

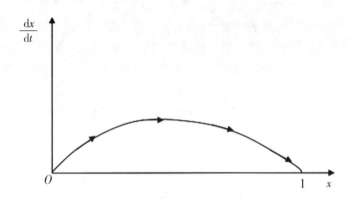

图5-7 发展型国家初期政府与企业博弈复制动态相位图

美国立国初期的产业政策决策过程可以完美地诠释上述复制动态博弈过程。1791年12月，汉密尔顿向国会提交《关于制造业的报告》时，便遭到了重农学派和一些大农场主的坚决抵制，并被杰斐逊挫败。对于刚刚独立的美国而言，相对弱小的工商业没有政府的庇护，很难应对英国工商业强有力的竞争；然而，仅仅依靠农业，国家财政收入又很难有保障。经过较长一段时间的磨合，最终以汉密尔顿为代表的制造业保护政策得到了越来越多的原"不同意"博弈方的认可，美国立国初期的产业政策由此成型。

上述模型说明：在发展型国家初期，一个力量相对弱小的政府和缺乏自生能力的市场在面临共同的挑战时，双方即使都没有理性假设的前提，通过复制学习机制，最终也可以建立产业政策的合作实施机制。政府和企业之间的合作使发展型国家初期可以实现产业政策的集体行动。

第五章

发展型产业政策的制度演化逻辑

二、发展型国家起步初期博弈均衡形成的稳定性讨论

在上述对发展型国家起步初期的分析中,除了实现政府和企业之间的合作,其他路径都不能取得收益,故最终路径只能达成合作。然而,一旦脱离了发展型国家初期,这种假设条件就会失效。因为恰如本章第一节所论述的,采取产业政策制度会有双重效果:一是显性效果,即政府有意识地利用产业政策增加供给;二是隐性效果,即无意识地实现了市场增进的效果。随着产业政策的不断实施,原有发展型国家的产业供给差额将会逐步得到弥补,市场制度将逐步成为一种可替代产业政策制度的方案。

为不失一般性,假定市场制度逐步成熟后,政府和企业的博弈收益矩阵如图5-8所示。

		企业	
		同意	不同意
政府	同意	a, a	b, c
	不同意	c, b	d, d

图5-8 发展型产业政策形成过程中的政府与企业博弈关系

此时,仍假设有比例为 x 的博弈方采取策略1,比例 $1-x$ 的博弈方采用策略2。那么,两方的期望收益和群体平均期望收益分别为

$$u_1 = x \cdot a + (1-x) \cdot b \qquad (5.6)$$

$$u_2 = x \cdot c + (1-x) \cdot d \qquad (5.7)$$

$$\bar{u} = x \cdot u_1 + (1-x) \cdot u_2 \qquad (5.8)$$

仿照发展型国家起步初期的博弈模式,将复制动态思想应用到这

个一般化的对称博弈矩阵中,可以得到复制动态方程如下:

$$\begin{aligned}\frac{dx}{dt} &= x(u_1 - \bar{u}) \\ &= x[u_1 - x \cdot u_1 - (1-x) \cdot u_2] \\ &= x(1-x)(u_1 - u_2) \\ &= x(1-x)[x(a-c) + (1-x)(b-d)] \quad (5.9)\end{aligned}$$

上述复制动态方程有三个均衡点,分别是

$$x^* = 0, x^* = 1, x^* = \frac{b-d}{a-b-c+d} \quad (5.10)$$

如果令 $b = c = d = 0, a = 1$,那么该复制动态方程就退化为发展型国家初期的现象,博弈均衡结果为策略1。在一般情况下,给予 x 一个较小的变化,可以得到一般情况下的复制动态相位图(见图 5-9)。

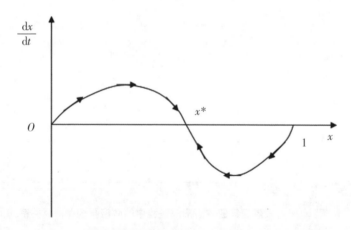

图 5-9 发展型国家中后期政府与企业博弈复制动态相位图

通过分析已知,在一般化的复制动态博弈中,策略1和策略2都不是稳定的结果,政府和企业复制动态博弈没有最优博弈均衡结果,只有次优结果,即达到产业政策制度和市场制度的融合才是政府和企业双方最容易接受的结果。

第五章
发展型产业政策的制度演化逻辑

第四节　发展型产业政策的制度演化

本章第三节揭示了发展型国家起步初期产业政策形成的必然性，同时也论证了从长期来看，发展型国家起步初期形成的产业政策制度并不具有稳定性。随着发展型产业政策制度的深入推进和市场制度的逐步成熟，加上利益集团的影响，发展型产业政策诱发的制度成本也会发生相应的变化。本节从发展型产业政策制度演化成本的角度入手，重点阐述不同时期发展型产业政策的演化趋势。

一、发展型产业政策制度演化的内在矛盾与演化趋向

产业政策的制定和实施相对市场发展而言是个典型的小集团决策模式。发展型国家刚刚起步时，往往面临的是企业规模较小、厂商数量较少、产业竞争力不强的现状。在这种背景下，一个较为科学的产业政策实施方案需要协调的外部成本较低，加上较低的产业政策决策成本，因此产业政策实施的总成本也相对较低，此时政府实施产业政策的空间较大、阻碍较小。而随着市场规模的不断扩大、厂商数量的不断增加，原有的小集团决策模式将受到外部协调成本快速增加的挑战，这个时候政府实施产业政策的空间会被严重压缩。

在发展型国家起步初期，为应对产业国际化竞争的挑战，无论是政府还是企业在制定产业政策方面均具有较强的积极性。此时，少数人的决策不仅可以代表大多数企业的意愿，而且具有最低的政治外部性成本，此时的小集团具有最高的决策效率，集体行动的一致性会较高。而当产业发展到一定阶段时，在产业分工日趋细化、企业数量快速增长的背景下，产业与产业之间、企业与企业之间的利益也日趋多元化，此时仍选用小集团决策模式就难以满足所有群体的需求。然而，由于产业政策制定的决策层具有约束成员扩张的制度刚性，故此时意图将产业政策决策的小集团模式转化为大集团模式是不现实的。

因此，产业政策的决策层无法实现代表所有产业或绝大多数产业发展的诉求，而仅仅只能代表一部分利益集团的发展诉求。此时集体行动的一致性就会受到较大的挑战，产业政策实施的政治外部性成本突增，产业政策的效力也会大大削弱。在产业政策实施的决策层内部，由于只能局限于满足少部分利益集团的诉求，故产业政策最后往往沦为少数利益集团牟利的工具，产业政府被少数利益集团俘获、寻租腐败等现象也会不断增多。

在上述制度演化的过程中，产业政策绩效和产业政策成本曲线大体存在如图5-10所示的形式。在产业政策实施初期，产业政策的决策往往是中性的，也比较容易取得广大产业界和企业界的认同。此时的产业政策容易获得较高的绩效，产业政策作为集体行动的一种制度表现，成本也会最低。而随着市场的发展和产业的逐步扩张，产业政策很难应对日趋多元化的利益诉求，产业政策的制定和实施只能代表一部分利益集团的诉求，产业政策的集体行动越来越难，政治外部性协调成本和内部决策成本同步上升，大大制约了产业政策绩效的持续发挥。

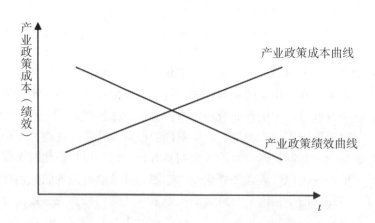

图5-10 产业政策成本和绩效的演化曲线

第五章

发展型产业政策的制度演化逻辑

二、发展型产业政策演化的制度陷阱

图 5-10 反映的是产业政策成本和产业绩效（产出）的一般性表现。事实上，在产业发展的不同阶段，产业政策的成本和绩效也有不同的表现。为详细说明产业政策成本及绩效的演化历程，以下采用制度需求和制度供给均衡的模式分别对产业政策演进的各个阶段进行阐述。

首先，从制度供给的角度来看，产业政策作为一种制度供给，其供给成本主要受两方面的影响：一是决策集团的决策成本；二是决策集团以外的政治外部协调成本。在产业发展初期，由于决策集团内部和决策集团外部都有改善产业发展绩效的共同诉求，采用小集团决策模式的决策成本和外部协调成本都较低，且这个阶段只要没有大的利益垄断集团产生，产业政策制定和实施的总成本变化都较小，产业界的集体行动较容易取得一致，故在此阶段，产业政策的制度供给可以形成最大的边际产出效应。在图 5-11 中，这种产业政策的制度供给效应可以表示为一条水平线，即 C_1G 这个区域。随着产业的不断发展，涉及协调的产业门类和企业总数快速提升，产业决策集团内部的决策成本也快速攀升，利益群体的多元化使制定和实施产业政策的外部协调成本快速攀升，故产业政策的供给成本在这个阶段表现出随产业壮大而加快提升的趋势，也就是图 5-11 中 GH 这个区域。随着产业的持续发展，原有的产业政策制度决策模式已经不能代表所有产业的利益诉求。在决策集团内部，产业政策的制定和实施已经为少数几个利益集团所俘获，产业政策集体行动已经很难再取得一致，故此阶段产业政策的制度供给已经没有产出效应。此阶段对应图 5-11 中 HI 区域，产业政策完全无效。

从制度需求的角度来看，产业政策的制度成本与产业发展的产出变动呈负相关关系。如果将产业政策的制定和实施成本看作交易成本的一部分，那么随着产业的不断发展壮大，产业政策的制定和实施成本呈下降态势。综合产业政策制度成本与产业产出之间的关系，可以用曲线 L 来表示。随着产业的不断发展壮大，曲线 L 有不断向右移动的趋势。

产业政策制度的供给与需求曲线共同决定了产业政策制度的均衡。如图 5-11 所示,假定产业政策的成本边际产出不变,那么在发展型国家起步初期,产业政策的制度需求曲线 L_2 每向右推进一段区域,都会带来产业产出的较大变化。而随着产业政策成本供给曲线弹性的逐步下降,产业政策制度需求曲线的右移带来的产出边际变动越来越小。在产业发展达到 Y_2 以后,无论产业政策制度需求曲线如何移动,产业政策都无法带来产出的再增加,而产业政策的成本反而会被不断推高。产业政策制度供给曲线中 H 点以后的 HI 区域即为产业政策的制度陷阱区域,也是产业政策无效区间。

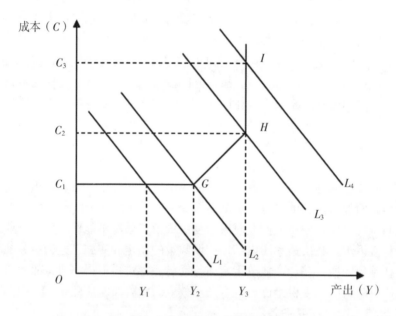

图 5-11 发展型产业政策的制度陷阱

产业政策落入无效区间的根本原因还在于:产业政策关联的利益集团固化,产业政策已经无法代表产业发展的整体利益,而成为利益集团剥削或转移其他利益集团利益的工具。除此以外,利益格局的多

第五章

发展型产业政策的制度演化逻辑

元化、产业发展的国内外环境日趋复杂化，使产业政策制度决策的信息搜寻成本、协调成本等不断攀升，极大透支了产业政策对产业发展的促进效应，这也是形成发展型产业政策制度陷阱的主要成因。

三、日本产业政策演化的一个例证

日本的产业政策一直被认为是现代产业政策的标杆。从 20 世纪 50 年代至 80 年代，日本经历了 30 余年的经济高速增长，不仅顺利完成了赶超先进国家的发展使命，也使产业政策成为日本经济成功的代名词而享誉世界。关于日本产业政策的演化脉络，前文已有论述，在此不再赘述，而是重点探讨日本发展型产业政策的后期绩效与表现。

恰如图 5-11 所示，日本和东亚很多发展型国家一样，在实施了较长时期的发展型产业政策后，在全国形成了一种以赶超为目标、以产业政策为抓手的举国协调体制。这种体制具有以下三个方面的特征。

第一，强调经济、政治和社会密不可分，营造一种"和合共生"的观念。在这种观念下，政治、经济和社会发展已经形成一个整体。在政党领域，形成了政治共同体；在政府方面，形成了官僚共同体；在企业方面，形成了利益共同体；在社会方面，形成了裙带共同体。日本变成了一个"关系依存型"国家。

第二，为了保证产业政策的实施，建立起政府与微观经济运行有效协调的行政体系。在此期间，日本政府建立了一系列有效诱导民间企业发展的措施，如设立经济导航机构、提供行政指导等。日本对民间企业的引导虽然没有法律依据，却具有相当大的强制力。如 1965 年日本经济危机期间，政府劝导民间企业缩小生产规模，当时住友金属公司拒不服从，日本政府即给予减少原料进口配额的行政指导意见，使得住友金属公司只能服从政府指导。

第三，建立起政府决策的科学支撑体系。日本的经济计划主要由经济审议会和经济企划厅共同制定，参加的成员包括财界、产业界、学术界、舆论界等各方人士共 30 余人。经济审议会和经济企划厅经过反复协调，在取得一致意见后，形成经济发展的计划草案。

不可否认，这些模式在日本赶超时期争取了最广泛群体的认同，降低了政治外部协调成本,较好地实现了集体行动的一致性,因此也在日本产业的快速发展中起到了关键作用。但在政策执行了30余年后,随着产业的不断发展,这种制度的使用成本越来越高,甚至成为阻滞日本产业发展的一大障碍。这主要表现在以下三个方面。

第一,原有的产业发展决策体系日趋退化为利益集团"政治俘获"的一部分。例如,在2011年福岛核电站事故以后,旨在大力发展原子能产业的原子能安全委员会组成成员被公之于众。这个委员会完全为以东京电力集团为首的企业群体所掌控,国家核能政策也完全由这些集团企业的成员制定。此外,日本还有官员退休后到大企业、大集团任职的传统。例如,财务省的官僚退休后可以任职银行的要员,交通省官僚退休后任职建筑公司的要员。通过这样的联系纽带,将日本产业政策与利益集团紧密捆绑,使日本发展初期建立的产业发展决策体系在20世纪90年代后期逐步沦为利益集团"政治俘获"的一部分。

第二,严格的政府规制抑制了市场机制的作用。原有的产业政策体系形成了政府和微观经济的紧密捆绑,但也极大地束缚了市场活力的有效发挥。产业规制是产业政策领域的一个重要组成部分。以通信网络业的发展为例,在20世纪末,按照日本政府的规制,在线柱上架设通信线路时,线体之间必须要有30厘米的距离。这条条款成为日本电信电话公司(NTT)阻碍其他公司铺设电线和阻止新加入者参与通信领域竞争的借口,进而导致日本网络发展迟滞。统计显示,1997年日本的互联网连接费大约是美国的2倍。除了通信业的发展,在其他很多领域,日本严格的政府规制都是使日本后起产业政策难以有效发挥的顽疾。

第三,"和合共生"的理念和制度建构模式最终扼杀了日本的创新活力。长期的政府、企业、社会绑架使得经济运行的微观机能完全由政府的指令来驱动完成,加上企业内部终身雇佣制和年功序列制的存在,使得政府、企业到员工这个最后的环节也被打通,经济完全成为一个封闭的难以循环的整体。整个系统只靠政府指令来驱动,企业和个人的创新活力被完全封存,直至最后日本的产业竞争力完全丧失。2010年,日本野村综合研究所对15~69岁的万名日本人进行

第五章

发展型产业政策的制度演化逻辑

调查时发现，将近60%的20岁左右的年轻人没有独立创业的想法。同年，日本相关调查显示，日本愿意出国留学的人员减少三成，62%的年轻人将享受作为"人生目标"，而美国仅有4%的年轻人以此为目标。在企业领域，甚至连日本政府都公开承认，要提高地方、企业和个人的灵活应变能力。

综上所述，日本产业政策的演化过程就是一个发展型产业政策演化过程中制度变迁的完美例证。对于一个后发国家而言，利用发展型产业政策迅速崛起可能是实现本国快速赶超的一种捷径，但使用这种捷径的成本和"后遗症"会随着产业的发展不断显现，甚至成为日后国家发展再难摆脱的梦魇。

小　结

本章从制度的角度探讨了发展型产业政策的生发及演化过程。

从总体来看，发展型国家在起步初期使用发展型产业政策符合理性，这种选择理性主要表现为两个方面：一是在没有形成完善的市场供求条件和成熟的市场机制以前，发展型国家的供给曲线是弯曲的。在满足供给差额之前，理想的市场制度在发展型国家初期是不可能实施的；只有在使用产业政策填补供给差额以后，使用市场制度的成本才会不断下降，直至形成正常的市场机制。二是虽然在发展型国家起步初期政府和企业都是有限理性的，但完全可以通过复制学习和进化博弈的过程，最终实现发展型产业政策的稳定制度建构。

从进化博弈的角度来看，发展型产业政策形成的制度在产业发展的过程中并不是稳定的最优博弈结果，其会在市场发展、制度成本攀升等因素的影响下逐步偏移，最终走向产业政策效应的不断衰微。其中，制度成本的演化主要取决于产业政策决策成本和外部成本，产业政策的制定和实施相对市场发展而言是个典型的小集团决策样本。在发展型国家的发展过程中，小集团决策的固有模式和多元化的利益格局冲突是发展型产业政策效应最终走向衰微的根本原因。

第六章　发展型产业政策的效应演化逻辑

本书第五章从制度层面探讨了发展型产业政策的演化逻辑。基于制度的分析有利于抽象出发展型产业政策演化的本质特征，但不利于得出发展型产业政策在演化效应上的数量变化。本章在第五章分析的基础上，从福利效应的角度深入分析发展型产业政策的演化逻辑。从演化阶段的角度入手，重点探讨发展型国家在赶超阶段的模仿创新过程中的福利效应，以及在完成或接近赶超阶段以后的自主创新过程中的福利效应变化。在演化经济中，"熊彼特创新"对经济演化过程中的突变会产生至关重要的影响，故创新环境下发展型产业政策的效应也是本章重点探讨的对象。

第一节　发展型产业政策效应演化的一般分析

发展型产业政策以发展和赶超为首要目的，产业规模的扩张是反映发展型产业政策发展目标最直接、最显著的体现。本节将对发展型产业政策战略进行进一步展开，从体现发展型产业政策实施，以及对微观企业群体经营有直接影响的政策措施入手，分析发展型产业政策的福利效应。从发展型产业政策的表现形式看，企业补贴、贷款等都是发展型产业政策实施的具体体现形式。这些措施的根本立足点是围绕发展型产业政策的发展目的给予微观企业群体以激励，其中也有对违反发展型产业政策发展目的的微观企业群体给予处罚的举措。产业政策对企业经营的主要影响机制在于：通过影响企业的成本利润函

第六章
发展型产业政策的效应演化逻辑

数,进而影响企业的经营行为。这正是本节分析产业政策效应思路的基本出发点。

一、基础模型

为简化分析,假定发展型产业政策给予企业经营的激励主要体现为补贴形式。参照韩忠亮(2013:74-76)[①]的模型建构思路,假定世界上存在两个国家——国家1和国家2,国家1的出口行业有 N_1 个企业,国家2的出口行业有 N_2 个企业,两个国家具有完全相同的生产函数。假定世界上仅有这两个国家参与一个行业的出口,那么这两个国家的出口规模就是两国出口量的加总。任何一个国家的出口扩张都会影响国际价格,且每一个出口都是国际价格的接受者。

首先,考虑一种不含产业政策的理论模型,设国际市场上该行业的需求函数为

$$Q^d = a - b \cdot P \quad (6.1)$$

两国企业的边际成本函数为

$$MC = \frac{1}{d} \cdot q \quad (6.2)$$

其中,$d > 0$,则其供给函数为

$$q = d \cdot P \quad (6.3)$$

国际市场上该行业的供给之和为

$$Q^s = (N_1 + N_2) d \cdot P \quad (6.4)$$

由于供求均衡,故联立式(6.1)和式(6.4)可得

$$P_0 = \frac{a}{b + N_1 d + N_2 d} \quad (6.5)$$

将均衡价格代入每个企业的供给函数,可以得到每个企业的均衡产出和出口规模:

$$q_0 = d \cdot P_0 = \frac{ad}{b + N_1 d + N_2 d} \quad (6.6)$$

---

① 本节基础模型参照韩忠亮:《经济扭曲与"破坏性创造"》,中国书籍出版社2013年版,第74-76页。后文对产业政策的效应分析是在此基础模型上的拓展。

此时，两国的出口企业的利润为

$$\pi_0 = P_0 q_0 - \int_0^{q_0} MC \cdot dq = \frac{1}{2} P_0 q_0 = \frac{a^2 d}{2(b + N_1 d + N_2 d)^2} \tag{6.7}$$

上述基础模型的结果如图6-1所示，三角形 AOP_0 为两国出口企业的利润。

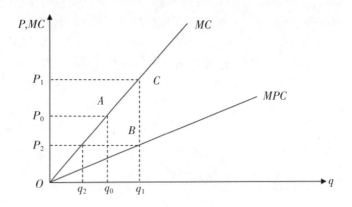

图6-1 发展型产业政策效应分析的基础模型

现在考虑国家1为了扩大出口和增强本国产品在世界市场上的占有率，拟通过政策补贴的方式激励企业降低成本。假定国家对该行业的补贴率为 $\varphi(0 < \varphi < 1)$，那么国家1的企业边际成本函数可以转换为

$$MC_1 = \frac{1}{d} \cdot q(1-\varphi) \tag{6.8}$$

为推导方便，令

$$\delta = \frac{1}{1-\varphi} \tag{6.9}$$

那么

$$MC_1 = \frac{1}{\delta \cdot d} \cdot q \tag{6.10}$$

国家1企业的供给函数为

第六章

发展型产业政策的效应演化逻辑

$$q = d \cdot P \cdot \delta \tag{6.11}$$

国际上两个国家的产品供给之和为

$$Q^s = (N_1\delta + N_2)d \cdot P \tag{6.12}$$

由于供给均衡,可以得到考虑产业政策效应的均衡价格,即

$$P_1 = \frac{a}{b + N_1 d\delta + N_2 d} \tag{6.13}$$

在此均衡价格下,国家 1 和国家 2 的企业供给函数分别可以表述为

$$q_1 = d \cdot P_0 \cdot \delta = \frac{ad\delta}{b + N_1 d\delta + N_2 d} \tag{6.14}$$

$$q_2 = d \cdot P_0 = \frac{ad}{b + N_1 d\delta + N_2 d} \tag{6.15}$$

由于 $1 < \delta < \infty$,故 $q_1 > q_2$。此时国家 1 企业的利润函数可以表述为

$$\pi_1 = P_1 q_1 - \int_0^{q_1} MC \cdot dq = \frac{1}{2} P_1 q_1 = \frac{a^2 d\delta}{2(b + N_1 d\delta + N_2 d)^2} \tag{6.16}$$

上述利润函数在图 6-1 中对应的是三角形 P_1CO 的面积。实施产业政策前后,国家 1 企业的利润差异为

$$\Delta\pi = \pi_1 - \pi_0 = \frac{a^2 d\delta}{2(b + N_1 d\delta + N_2 d)^2} - \frac{a^2 d}{2(b + N_1 d + N_2 d)^2}$$

$$= \frac{a^2 d(\delta - 1)[(b + N_2 d)^2 - (N_1 d)^2 \delta]}{2(b + N_1 d\delta + N_2 d)^2 (b + N_1 d + N_2 d)^2} \tag{6.17}$$

在式 (6.17) 中,由于 $1 < \delta < \infty$,故实施产业政策前后对企业的影响关键看 $(b + N_2 d)^2 - (N_1 d)^2 \delta$ 的正负情况。如果

$$\delta < \frac{(b + N_2 d)^2}{(N_1 d)^2} \tag{6.18}$$

那么,产业政策实施以后,会对企业的利润有较大的改善作用。相反,如果

$$\delta > \frac{(b + N_2 d)^2}{(N_1 d)^2} \tag{6.19}$$

那么，实施产业政策反而会挤压企业的利润水平。将 δ 还原为 $\frac{1}{1-\varphi}$，可以得到产业政策有效性的区间为

$$0 < \varphi < 1 - \frac{(N_1 d)^2}{(b + N_2 d)^2} \quad (6.20)$$

由于 $b > 0$，$d > 0$，故产业政策有效性的区间很大程度取决于 N_1 和 N_2 厂商数量与生产规模的比值。如果 N_1 显著大于 N_2，那么产业政策有效性的区间将被极大程度地压缩；如果 N_1 显著小于 N_2，那么产业政策有效性的区间可以极大地扩展。上述公式对发展型产业政策的启示意义在于：在后起国家市场发展不充分、产业发展规模较小、厂商较少的背景下，实施产业政策可以有效改善和提高企业的盈利能力和国际市场份额，进而有利于提升企业在国际市场上的竞争能力；而在市场发育较为成熟、产业具有一定规模、厂商较多的背景下，实施产业政策的空间将会越来越狭窄。

二、效应分析

产业规模的扩张是反映发展型产业政策"发展"目标最直接、最显著的体现。综合式（6.14）和式（6.6），可以得到产业政策实施前后的产量变化：

$$\Delta q = q_1 - q_0 = \frac{ad\delta}{b + N_1 d\delta + N_2 d} - \frac{ad}{b + N_1 d + N_2 d}$$

$$= \frac{ad(\delta - 1)(b + N_2 d)}{(b + N_1 d\delta + N_2 d)(b + N_1 d + N_2 d)} > 0 \quad (6.21)$$

出口产量的增加必然带动劳动就业和收入水平的增长，但这并不意味着实施产业政策一定能增加总的社会福利水平。如图 6-1 所示，事实上，在实施产业政策以后，均衡价格在由 P_1 下降至 P_0 的同时，企业自身的福利水平由三角形 OCP_1 的面积转换为三角形 OBq_1 的面积，损失的社会福利水平为三角形 OCB 组成的面积，损失的社会总福利为

$$SL = \int_0^{q_1} (MC - MPC) \cdot dq = \frac{a^2 d\delta(\delta - 1)}{2(b + N_2 d + N_1 d\delta)^2} \quad (6.22)$$

第六章

发展型产业政策的效应演化逻辑

由于 δ 恒大于 1，故上述社会福利损失始终为正，同时也说明产业政策的实施是以社会福利的损失为代价的。

若将式（6.22）对 δ 求导，可得

$$\frac{\partial SL}{\partial \delta} = \frac{a^2 d}{2} \cdot \frac{(2\delta - 1)(b + N_2 d) + N_1 d\delta}{2(b + N_2 d + N_1 d\delta)^3} > 0 \quad (6.23)$$

由此可知，产业政策的实施力度越大，社会福利的损失也越大。上述是以产业补贴为例来说明产业政策效果的。在实际经济运行中，产业政策的实施包括贴息、减税、配套资源低价配置等多种方式。除了对生产产能的正向激励外，产业政策的作用还表现为对落后产业的强制性退出或积极利用各种手段引导其转型升级。产业政策引导企业参与产业的升级转型的最终落实效果仍然集中在影响企业的供给成本函数方面，故也可以用上述框架来分析。

以对国内某落后产能加征环境税为例，在征收落后产业淘汰的税费后，这些行业的产量会下降。从福利角度分析，区域 $A+B$ 表示消费者剩余的损失，区域 $C+D$ 表示生产者剩余的损失，政府在征税中获得的净收益是 $A+C$，故社会净损失是 $B+D$，如图 6-2 所示。

综上所述，无论是哪一种产业政策形式，落实到企业的市场竞争中都表现为供给能力的变化。在发展型国家起步初期，产业政策的实

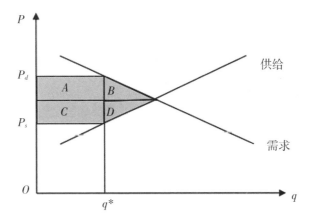

图 6-2 对落后淘汰产业执行产业政策的效果分析

施具有改善企业经营绩效和提升本国产业竞争能力的双重作用,且具有较大的操作空间。但随着国家的发展,产业政策对社会福利的损害将成为拖累产业政策效果的巨大影响因素。产业政策的实施是建立在一定社会成本和损失一部分社会福利的基础之上的,前期产业政策的实施促进了产能的扩展和企业福利的改善,但同时也为后期的产业转型发展埋下隐患。

三、几点说明

上述的模型分析是建立在以下两个前提之上的。

第一,上述产业政策的实施是建立在本国较强的供给潜力的基础上的。在图6-1中,产业政策的激励如果没有建立在企业的供给潜力基础上,那么在产业政策实施以后,企业的供给能力无法得到扩张,产业政策诱发的企业福利变化也就不可能发生。举个例子,假定某国没有生产波音飞机的能力或者工业基础,但该国实施了对生产飞机企业的补贴政策,那么在现实中就很难贯彻这种产业政策,该国飞机行业的供给曲线在实施产业政策之后也不会有任何变动,也就没有所谓的产业政策效果。从这个角度来看,供给潜力是产业政策有效实施的必要条件。

第二,上述产业政策分析模型是建立在国家2没有竞争反馈的前提之上的。在模型中,国家1实施了产业政策以后,为比较国家1在产业政策实施前后福利水平的变化,我们假定国家2的供给模式保持不变。事实上,一国在实施产业政策后,信息很快会被邻国或其他贸易国捕捉到。届时邻国或贸易国也会针对该行业的发展制定产业政策,国家1制定产业政策的效果就可能会大打折扣。这方面的典型例子是,2008年以后各国竞相发展战略性产业政策,在一国率先提出打造战略性新兴产业以后,其他国家很快跟进,从而极大削弱了该国实施产业政策的效果。如果考虑其他国家产业政策跟进的情形,我们基于模型推导得到的企业福利水平就存在一定程度的高估。

除了上述两个前提,上述模型推导的过程和结果也说明:任何产业政策的实施都是对自由市场经济规则的一种扭曲,总体上都会产生

第六章

发展型产业政策的效应演化逻辑

降低社会总福利的现象,但这种扭曲并非都是贬义的扭曲。在产业发展的不同阶段,有些适度的扭曲对本国产业竞争水平的快速提升是有较大好处的,同时有些扭曲在后发国家产业发展不占优势的前提下实施也是极有必要的。对于后起的发展型国家而言,合理利用这种扭曲是有利于经济发展的,但过分依赖这种扭曲则会为以后的产业发展埋下隐患。通过福利效应分析可以得到与制度分析较为一致的结论。

第二节 创新对发展型产业政策效应演化的影响

发展型国家实现赶超的最终目的是促使本国形成持续的自主创新能力。在演化经济领域,创新又是决定经济演化突变的重要方面。发展型国家在实施产业政策过程中,政策本身及政策实施对微观经济的影响能否适应创新环境也是决定发展型产业政策能否持续运行的关键。

一、发展型产业政策演化过程中创新阶段的转换

按照一个国家或企业获取技术创新要素和技术能力的来源不同,发展型国家获取创新的方式大致可以分为跟随创新和自主创新两类。所谓跟随创新,是指发展型国家获取的技术和技术能力均来自先进的国家。从发展型国家发展的历史表现可以看出,无论是欧美发展型国家,还是拉美或者东亚发展型国家,在发展初期,都将技术设备进口、技术许可、技术转让、代工生产(OEM)、合资企业、合作生产协议等内容作为促进发展措施的重要方面。由此可见,发展型国家起步初期主要通过跟随创新来获取发展机会,发展型产业政策的重点在支持跟随创新,而在发展到一定阶段后,产业政策的重点才逐步转向自主创新。

2006年,阿西莫格鲁、阿吉翁和齐里伯特(Acemoglu, Aghion and Zilibotti, 2006)以熊彼特增长理论为主要框架,分析了后发国家赶超先进国家的创新演化阶段。他们的基本思路是:假定后发国家的

最终生产率来自模仿创新和自主创新两个渠道，令 A_t 表示国家 t 期的生产率，$\bar{A}_t$ 表示世界前沿的生产率，那么一国的最终生产率可以表示为

$$A_t = \eta \bar{A}_{t-1} + \gamma A_{t-1}, \gamma > 1 \tag{6.24}$$

其中，$\eta \bar{A}_{t-1}$ 表示模仿先进国家带来的生产率提升，而 γA_{t-1} 表示自主创新带来的生产率水平提升。将式（6.24）两边同时除以 $\bar{A}_t$，那么可得

$$\frac{A_t}{\bar{A}_t} = \eta \frac{\bar{A}_{t-1}}{\bar{A}_t} + \gamma \frac{A_{t-1}}{\bar{A}_t} \tag{6.25}$$

式（6.25）左边表示本国与世界前沿技术之间的接近程度，假定记为 a_t，$\bar{A}_{t-1}/\bar{A}_t$ 表示上一期世界前沿技术与本期世界前沿技术的比值。令 g 表示本期前沿技术的增长速度，那么

$$\bar{A}_t = (1 + g)\bar{A}_{t-1} \tag{6.26}$$

联立式（6.25）和式（6.26），可以得到

$$a_t = \frac{1}{1+g}(\eta + \gamma a_{t-1}) \tag{6.27}$$

式（6.27）说明，随着本国技术水平与世界前沿技术水平之间的差距越来越小，η 值也会越来越小。此时国内生产率的提升将主要取决于自主创新的水平。阿西莫格鲁、阿吉翁和齐里伯特的模型可以直观地说明，随着发展型国家与先进国家的技术差距越来越小，以跟随创新为主要形式的发展型产业政策效果越来越有限，而强化自主创新的产业政策将会变得越来越重要，加快由跟随创新向自主创新转型应该成为发展型产业政策的重要任务。

然而，阿西莫格鲁、阿吉翁和齐里伯特的模型尽管可以描述发展型产业政策的宏观机理，但无法揭示发展型产业政策与创新阶段转换关联关系的微观机制及发展型产业政策对创新的影响。

下文将借鉴罗默经济增长模型中关于创新表现为中间产品数量增加的思路，将中间产品的数量变化作为衡量创新的具体指标。在企业跟随创新的阶段，假定企业跟随创新带来的中间产品种类数增加的方程为

$$\mathrm{d}n = \frac{I}{a}\mathrm{d}t \tag{6.28}$$

其中，I 为企业通过跟随创新推动技术进步的过程中所需要的投资，a

第六章

发展型产业政策的效应演化逻辑

为增加 1 单位中间产品数量所需要追加投资的资本数量,可以命名为跟随创新的效率。

对应中间产品种类数量可以看作时间的函数,形式可以写为一个关于时间 t 的线性函数:

$$n = \frac{I}{a} \cdot t \qquad (6.29)$$

与跟随创新不一样,自主创新前期需要大量的投入,而产出效率会比较低。参考魏枫(2012:76-78)的做法,将企业自主创新带来的中间产品种类数量增加的方程设定为

$$dn = bntdt \qquad (6.30)$$

对应中间产品种类数量可以看作时间的函数,形式可以写为一个关于时间 t 的幂函数:

$$n = e^{blt} \qquad (6.31)$$

将两种中间产品的函数放在一个图上,如图 6-3 所示。给定一个厂商的投资额 I,按照式(6.29)和式(6.31),可以分别对应一种跟随创新和自主创新下的中间产品种类数量。从两条曲线的表现来看,线性函数的斜率在到达 t^* 之前大于幂函数,即在时间 t^* 之前采用跟随创新优于自主创新,在时间 t^* 之后采用自主创新优于跟随创新。

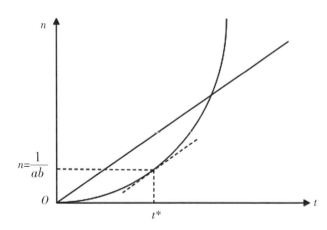

图 6-3 厂商由跟随创新向自主创新的转换

二、发展型产业政策演化的创新约束

上述模型是在没有加入产业政策的假设前提下讨论的。假定在发展型国家起步初期,发展型产业政策支持跟随创新的主要举措是通过政府补贴或其他资助形式影响企业的创新路径,那么产业政策将通过追加投资的方式进入中间品种类扩张函数,即此时企业模仿带来的中间产品种类数量增加的方程为

$$\mathrm{d}n = \frac{I + I'}{a}\mathrm{d}t \qquad (6.32)$$

由此得到的中间产品种类数量函数为

$$n = \frac{I + I'}{a} \cdot t \qquad (6.33)$$

如图6-4所示,此时利润主导下的厂商生产出来的中间品数量曲线将围绕O点向左上方偏移。由于产业政策模式在跟随创新和自主创新的转换过程中存在一定的制度惯性,且在自主创新环境下,由于创新方向的不确定性,政府产业政策很难在企业步入自主创新阶段后发挥有效的作用,故可以假定厂商原有的自主创新阶段中间生产品函数不变。在这种情况下,相当于仅针对厂商跟随创新曲线进行比较静态分析。随着厂商跟随创新曲线向左上方偏转,给定一个厂商和政

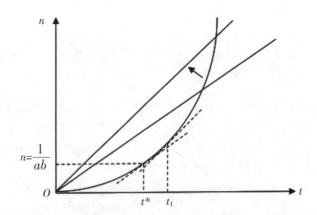

图6-4 加入政策支持后,厂商由跟随创新向自主创新的转换

第六章

发展型产业政策的效应演化逻辑

府产业政策的投资额 $I+I'$，厂商的最优选择会向右上方旋转移动，最终造成企业由跟随创新向自主创新转化的时间由 t^* 延长至 t_1。

上述简化模型说明：有了发展型产业政策的支持后，厂商由跟随创新向自主创新的转换将会延迟。事实上，除了本节的理论推导以外，李文娟（2016：27－34）、黎文靖和郑曼妮（2016）等也通过实证检验发现，产业政策会弱化企业的创新活力。在产业政策的影响下，企业更加注重迎合产业政策扶持方向的策略性创新而非实质性创新，这些都说明产业政策对创新具有一定的阻滞作用[①]。

小　结

本章从效应角度分析了发展型产业政策的两种约束：一种是市场约束。在后起国家市场发展不充分、产业发展规模较小、厂商较少的背景下，实施产业政策可以有效改善和提高企业的盈利能力和国际市场份额，进而有利于提升企业在国际市场上的竞争能力；而在市场发育较为成熟、产业具有一定规模、厂商较多的背景下，实施产业政策的空间将会越来越狭窄。另一种是创新约束。随着发展型国家与先进国家的技术差距越来越小，以跟随创新为主要形式的发展型产业政策效果将越来越有限，而强化自主创新的产业政策将会变得越来越重要。长期来看，有了发展型产业政策的支持后，厂商由跟随创新向自主创新转换的时间将会延迟。

除了上述两个基本观点，本章模型推导的过程和结果也说明：任何产业政策的实施都是对自由市场经济规则的一种扭曲，总体上都会产生降低社会总福利的效果，但这种扭曲的具体效应还应该根据不同的产业发展阶段做具体分析。

[①] 日本是产业政策对自主创新有严重阻滞作用的鲜活案例。在日本步入自主创新的后赶超时代，产业政策严重影响了日本企业的创新活力，并直接导致日本在产业发展后期与美国企业的技术水平差距越来越大。相关内容参见徐平：《苦涩的日本——从"赶超"时代到"后赶超"时代》，北京大学出版社 2012 年版。

第七章　发展型产业政策演化逻辑的实证检验

通过本书第五、第六章的分析可知，发展型产业政策在演化过程中受到制度成本、与先进国家的发展差距、市场机制条件和市场创新四个条件的约束。由于目前学术界关于市场创新与产业政策的实证文献较多，而制度成本在本质上是与市场机制条件紧密关联的变量，故本章将在前人研究的基础上，通过搜集国际数据，重点实证检验市场机制条件和与先进国家的发展差距这两大指标对产业政策绩效的影响。

第一节　模型、变量说明及数据来源

在实证检验发展型产业政策的演化逻辑时，首先需要对本章计量检验模型的基本思路、所用的数据及方法进行总体描述。

一、计量模型设定

假定以 Y 为发展型国家实施产业政策所获得的效应，限于制度成本的现实可观测性和与市场机制之间的关联，此处暂将制度因素纳入市场机制建设因素中予以考虑。通过本书上两章发展型产业政策的演化机理分析可知，除了上述两个因素，发展型产业政策的效应还主要受两方面因素的影响：一是与先进国家之间的差距。整体来看，与先

第七章

发展型产业政策演化逻辑的实证检验

进国家之间的差距越大,发展型产业政策所获得的效果越显著;随着与先进国家之间的差距逐步缩小,发展型产业政策所获得的效果也逐步减少。二是本国市场机制的完善程度。整体来看,在本国市场成熟度低于临界点时,产业政策的效应呈逐步上升态势;当市场成熟度高于临界点时,产业政策的效应呈逐步下降态势。由此可以看出,市场机制的完善程度与产业政策的效应呈倒"U"形分布。基于上述发展型产业政策演化的理论逻辑,设定检验模型如下:

$$Y_{it} = \beta_0 + \beta_1 gap_{it} + \beta_2 market_{it} + \beta_3 market_{it}^2 + \mu_i \quad (7.1)$$

其中,Y 为产业政策的总体效应;gap_{it} 为第 i 个在 t 时期发展型国家与先进国家的产业发展差距;$market_{it}$ 为第 i 个在 t 时期发展型国家的市场成熟程度;$market_{it}^2$ 为第 i 个在 t 时期发展型国家市场成熟程度的二次项,表示发展型国家的市场成熟程度与产业政策效应呈非线性特征分布;β_1、β_2、β_3 表示检验系数。通过 β_1、β_2、β_3 的正负可以判断两种因素对产业政策效应的影响程度。

二、变量说明

式(7.1)主要涉及被解释变量和解释变量。

被解释变量:指产业规模总和的增速,此处用 GDP 的增长率来替代。考虑到发展型产业政策仍是以赶超发展为首要目标,故此处重点考察发展型产业政策的规模扩张效应。

解释变量:主要包括产业发展水平差距和市场成熟度两个指标。其中,产业发展水平差距用本国人均 GDP 与先进国家的人均 GDP 比值来衡量,市场成熟度用私营部门国内信贷占 GDP 的比重来代替。

三、数据来源

由于欧美发展型国家历史数据较难收集,且工业革命时期主要国家的统计体系均不健全,故本章重点考察拉美和东亚发展型国家的产业政策演化实证。为更清晰地展现发展型国家产业政策的演化特征,此处除了选用拉美和东亚发展型国家的样本,还选用了非发展型国家的样本用于对比分析。

基于数据的可得性,本书共获得全球58个国家在1961—1999年的历史数据。此阶段也是拉美和东亚发展型国家产业政策演化的关键时期,可以充分体现两类发展型国家实施产业政策的特征。为比较非发展型国家产业政策与发展型国家产业政策之间的差异,本章将整理的58个国家进一步划分为3个类别,分别组成面板数据用于实证比较。(见表7-1)

表7-1　计量样本国家的类别划分

国家类别	国家名称
典型发展型国家[①]	阿根廷、巴西、智利、哥伦比亚、墨西哥、巴拉圭、秘鲁、乌拉圭、委内瑞拉、印度尼西亚、日本、韩国、马来西亚、菲律宾、新加坡、泰国
同时期的发达国家	英国、美国、法国、德国、澳大利亚、比利时、加拿大、芬兰、冰岛、以色列、意大利、卢森堡、荷兰、挪威、葡萄牙、西班牙、瑞典
同时期的一般发展中国家	阿尔及利亚、刚果(金)、刚果(布)、哥斯达黎加、科特迪瓦、多米尼加、厄瓜多尔、埃及、斐济、印度、肯尼亚、莱索托、利比里亚、毛里塔尼亚、尼加拉瓜、尼日尔、尼日利亚、巴拿马、巴布亚新几内亚、南非、特立尼达和多巴哥、突尼斯、土耳其、赞比亚、津巴布韦

注:本表格适用于1961—1999年的历史情境。

3个类别的划分主要基于2个维度:一是对于发展型国家,主要基于上述章节对发展型产业政策的历史分析,重点选取受拉美发展主义影响的阿根廷、巴西、智利、哥伦比亚、墨西哥、巴拉圭、秘鲁、乌拉圭、委内瑞拉等9个国家和受东亚发展主义影响的印度尼西亚、日本、韩国、马来西亚、菲律宾、新加坡、泰国等7个国家;二是对于非发展型国家,按照国际上发达国家和发展中国家的分类,将其进

---

① 由于1961—1978年,中国还处于计划经济时期,故不纳入同时期发展型国家的序列。

第七章

发展型产业政策演化逻辑的实证检验

一步划分为发达国家和发展中国家两类。

本章用于计量分析的数据主要来源于世界银行官网①。其中,用于测算不同国家产业发展水平差距指标的先进国家人均 GDP 基数用 58 个国家中发达国家的人均 GDP 算术平均值来代替,私营部门国内信贷占 GDP 的比重、人均 GDP 等指标的个别缺失数据利用移动平均法补齐。这些变量数据的描述性统计如表 7-2 所示。

表 7-2 变量的描述性统计

单位:%

变量名称	变量含义	代表指标	均值	标准差	最小值	最大值	数目
y	产业规模增速	GDP 增速	4.039	5.497	-51.03	106.28	2262
gap	本国与先进国家的产业发展差距	本国与先进国家人均 GDP 比值	0.40	0.457	0.002	2.036	2262
$market$	市场成熟程度	私营部门国内信贷占 GDP 的比重	37.20	30.89	0.14	221.29	2262

第二节 总体检验

首先,对 58 个样本国家进行部分类别的总体检验。由于检验的国家数目大于年份数量,故本节的总体检验在本质上是基于短面板数据的实证检验。

---

① 世界银行官网:https://data.worldbank.org.cn/。

一、计量过程与模型选择

按照短面板回归的基本步骤,首先采用 stata 12.0 软件对计量方程分别进行混合效应、固定效应和随机效应回归,结果如表 7-3 所示。为了确定使用哪一种回归更为理想,分别进行 F 检验、LM 检验和豪斯曼检验。在混合效应模型和固定效应模型的选取中,使用 F 检验,得到 F 统计量为 3.88,P 值为 0.000,在 1% 显著水平下统计量显著,所以舍弃混合效应模型。在混合效应模型和随机效应模型的选取中,使用检验个体效应的 LM 检验,得到 LM 统计量为 113.27,P 值为 0.000,在 1% 显著水平下统计量显著,所以舍弃混合效应模型。在固定效应模型和随机效应模型的选取中,使用豪斯曼检验,得到 $chi\text{-}sq$ 统计量为 19.67,P 值为 0.000,在 1% 显著水平下统计量显著,所以舍弃随机效应模型,建立固定效应模型。

表 7-3 全球 58 个国家的总体检验

变量	混合效应模型	固定效应模型	随机效应模型
gap	-0.4726 (0.2952)	1.3762 (1.0527)	0.2002 (0.4216)
$market$	0.0184 (0.0983)**	-0.0285 (0.0132)**	-0.0048 (0.0113)
$market^2$	-0.0001 (0.0001)**	-0.0001 (0.0001)	-0.0009 (0.0008)
C	3.8801 (0.2417)***	4.6894 (0.57160)***	4.3528 (0.3297)***
观测数	2262	2262	2262
调整后的 R^2	0.019	0.167	0.151

注:系统下方括号内的值是标准差,***、**、*分别表示回归系数在 1%、5% 和 10% 的显著水平下统计显著。F 检验、LM 检验和豪斯曼检验结果表明,应建立固定效应模型。

第七章

发展型产业政策演化逻辑的实证检验

二、计量结论分析

从表 7-3 可以看出，不划分国家类型得到的检验结果在总体上显著性较低，但并非不能揭示全球产业政策的总体运行规律。从检验结果来看，三个解释变量中，仅有市场成熟程度这一指标对产业规模的扩张具有一定的解释力，而现有国家产业发展水平与先进国家的发展水平之间的差距和被解释变量之间并无显著的关联关系。且从全球国家的整体情况来看，市场发育水平与产业规模扩张之间的关联系数为负值，两者呈线性关系分布，非线性关联系数并不显著。这说明对于以广大发展中国家为主体的全球不同国家发展现状而言，在参与的市场机制下，仅仅依靠市场自身的发展不仅无法实现产业规模的持续扩张，而且还有可能会滞后本国产业规模的扩张。通过总体样本的实证检验得到的结果与上述对发展型产业政策的理论逻辑分析是一致的。通过对市场制度和发展型产业政策制度的比较分析，笔者认为，在发展型国家起步初期，如果没有政府的积极干预，仅仅依靠市场本身的机制是难以克服差额供给难题的。使用发展型产业政策和使用市场制度均有成本的约束。不同的是，使用发展型产业政策的成本约束主要体现在发展中后期，而使用市场制度的成本则体现在发展的前期。前期市场制度的过高成本窒息了本国产业发展的活力，同时也使本国难以走上赶超发展的良性轨道。通过对以发展中国家为主的全球 58 个国家的实证检验，结论恰好说明了这一点。

与一般理论认为的发展中国家具有后发优势观点不同，通过对全球 58 个国家的实证检验发现，并没有证据支持后发国家与先进国家之间的产业发展水平差距是构成后发国家加速赶超先进国家的直接原因。对于一个没有特定条件干预的普通后发国家而言，并不意味着其产业发展水平的落后程度与其赶超发展的速度呈绝对的正相关关系。

从总体检验的结论可以看出，在不区分国家类型的前提下进行总体实证分析时，得到的产业政策共性规律较少，这也恰恰说明了本研究根据不同国家性质对产业政策进行分类分析的必要性和合理性。

第三节 分国家类型检验

在上一节的总体检验中，由于面板数据中的年限数量小于国家截面个体数量，故该模型属于典型的短面板计量模型。但在区分国家类型以后，大多数类型的国家截面个体数量小于面板数据中的年限数量，故只能使用长面板计量模型。这是本节与上一节在计量方法上的最大区别。

一、计量过程与模型选择

对于长面板数据，由于时间年限和信息较多，故可能会在回归扰动项中存在异方差和自相关的问题；而在短面板计量模型中，这两个问题常常可以忽略。针对扰动项可能存在的组间异方差、组内自相关和组间同期相关问题，长面板的计量回归通常采取两类处理方法：一是继续使用普通最小二乘法（ordinary least squares，简称OLS）来估计系数，只对标准误差进行校正。对标准误差进行校正的方法是加入个体虚拟变量的二乘虚拟变量（least squares dummy variable，简称LSDV）方法。二是对异方差或自相关的具体形式进行假设，然后使用可行广义最小二乘法（feasible generalized least squares，简称FGLS）进行估计。

检验时，OLS 表示不考虑组间异方差或同期相关的一般线性回归模型结果，PCSE 表示考虑组间异方差或同期相关的面板校正标准误差（panel-corrected standard error，简称PCSE）方法。这两种方法均属于第一类处理方法，使用这两种方法在回归系数方面是一致的。其差别在于标准差有所不同：AR1、PSAR1 分别为仅考虑组内自相关且各组自回归系数相同和仅考虑组内自相关且各组自回归系数不同的长面板回归模型，FGSL1 和 FGSL2 则表示同时考虑存在组间异方差、同期相关以及组内自相关的情形，区别在于前者假定自回归系数相同，后者假定自回归系数不同。一般发展中国家、发达国家、发展型国家产业政策检验结果如表7-4、表7-5、表7-6所示。

第七章

发展型产业政策演化逻辑的实证检验

表 7-4 一般发展中国家产业政策的检验结果

变量	OLS	PCSE	AR1	PSAR1	FGLS1	FGLS2
gap	5.1353	5.1353	8.5546	16.1999	5.9317	14.6016
	(9.8833)	(4.9926)	(5.6425)	(7.1170)**	(2.6877)**	(3.1129)***
Market	-0.0548	-0.0548	-0.0763	-0.0953	-0.0608	-0.0752
	(0.0383)	(0.0354)	(0.04236)*	(0.0402)**	(0.0194)***	(0.0180)***
$Market^2$	0.0004	0.0004	0.00051	0.0007	0.0004	0.0006
	(0.0003)	(0.0003)	(0.0003)*	(0.0003)**	(0.0001)***	(0.0001)***
时间趋势项 t	-0.0646	-0.0646	-0.0479	-0.0340	-0.0463	-0.0305
	(0.02613)**	(0.0295)**	(0.0328)	(0.0326)	(0.0121)***	(0.0167)*
截距项 C	132.47	132.47	99.2957	71.2237	96.106	64.0047
	(52.668)**	(58.241)**	(64.7208)	(64.6726)	(24.0098)***	(33.0996)*
观测数	975	975	975	975	975	975
调整后的 R^2	0.616	0.616	0.459	0.757	—	—

注：系统下方括号内的值是标准差，***、**、*分别表示回归系数在1%、5%和10%的显著水平下统计显著。

表7-5 发达国家产业政策的检验结果

变量	OLS	PCSE	AR1	PSAR1	FGLS1	FGLS2
gap	0.7852	0.7852	1.3163	1.5086	0.6987	0.5634
	(0.9561)	(0.6527)	(0.8487)	(0.7772)*	(0.4704)	(0.4206)
$Market$	-0.0384	-0.0384	-0.0408	-0.0359	-0.018	-0.0160
	(0.0243)	(0.0181)**	(0.0230)*	(0.0193)*	(0.0098)*	(0.0088)*
$Market^2$	0.0003	0.0003	0.0003	0.003	0.0001	0.0015
	(0.0001)**	(0.0001)**	(0.0002)*	(0.0001)**	(0.0007)	(0.0006)**
时间趋势项 t	-0.0705	-0.0705	-0.0605	-0.0694	-0.0612	-0.0758
	(0.0153)***	(0.0205)***	(0.0259)**	(0.0245)	(0.1624)***	(0.0152)***
截距项 C	143.465	143.465	123.327	140.327	124.59	153.59
	(30.038)***	(40.695)***	(51.377)**	(48.6188)	(32.165)***	(30.045)***
观测数	663	663	663	663	663	663
调整后的 R^2	0.1776	0.1776	0.1169	0.1541	—	—

注：系统下方括号内的值是标准差，***、**、*分别表示回归系数在1%、5%和10%的显著水平下统计显著。

第七章 发展型产业政策演化逻辑的实证检验

表 7-6 发展型国家产业政策的检验结果

变量	OLS	PCSE	AR1	PSAR1	FGLS1	FGLS2
gap	1.2424	1.2424	3.3602	2.5312	4.0333	2.8343
	(1.3853)	(1.7186)	(2.2446)	(2.057)	(1.5057)***	(1.4425)***
Market	3.0493	0.0493	0.05087	0.0425	0.0583	0.0504
	(0.0299)	(0.0209)	(0.02684)*	(0.0255)*	(0.01825)***	(0.0175)**
$Market^2$	-0.0004	-0.0004	-0.0004	-0.0004	-0.0004	-0.0004
	(0.0001)**	(0.0001)**	(0.0001)***	(0.0001)***	(0.0001)***	(0.0001)***
时间趋势项 t	-0.05281	-0.05281	-0.0479	-0.0446	-0.1079	-0.1026
	(0.0310)	(0.0284)	(0.0328)	(0.0363)	(0.0264)***	(0.0264)***
截距项 C	106.01	106.01	99.2957	89.4706	213.795	203.97
	(61.295)	(55.956)	(64.7208)	(71.7228)	(52.2283)***	(52.2315)***
观测数	663	663	663	663	—	—
调整后的 R^2	0.2044	0.2044	0.1216	0.1647	—	—

注：系统下方括号内的值是标准差，***，**，*分别表示回归系数数在1%，5%和10%的显著水平下统计显著。

发展型产业政策演化的国际比较与理论逻辑

对上述六种模型的选择主要看长面板数据中组间异方差、组内自相关、组间同期相关和变系数模型的检验结果。其中，组间异方差和组内自相关的检验主要通过沃尔德检验来实现，在 stata 软件中，分别提供 xttest3 和 xtserial 两组程序来检验；组间同期相关的检验主要通过布伦斯-帕甘空间依赖性检验（Breusch-Pagan *LM* Test）来实现，但这种检验方法主要适用于长面板模型。除了这三种，近年来佩萨兰（Pesaran，2004：345）提出的参数检验也比较流行。佩萨兰提出的检验方法如表7-7所示。变系数检验主要使用的是卡方检验模型，由 stata 软件提供 xtrc 程序来实现。上述四类检验的原假设均为不存在异方差或者自相关，备择假设为存在异方差或者自相关。

一般发展中国家、发达国家和发展型国家的计量检验模型中均存在自相关和异方差的问题，且变系数结果更为适合，故针对三类国家的实证最终均选择 FGSL2 模型。

二、计量结果分析

从表7-4至表7-6的计量结果可以分析得到以下三方面的结论。

第一，对于一般发展中国家而言，本国产业发展水平与先进国家产业发展水平的差距越大，本国赶超发展可以发挥的后发优势红利越大，产业扩张的增速也会越快，两者总体呈正相关关系。本国市场发育程度与产业规模的扩张速度则呈先下降后上升的"U"形关系，如表7-4所示。这种"U"形关系在一般发展中国家中的现实解释是：与发展型国家不同，一般发展中国家没有产业政策的强力引导和国家的主动干预，在本国供给能力落后和产业发展水平较低的背景下，仅仅依靠市场机制难以对抗世界先进国家的产业竞争，所以在没有达到市场完善程度的临界点之前，市场与产业规模的扩张速度呈反方向联系。而在依靠政府干预或其他手段推动市场机制跨越临界点以后，成熟的市场方能形成对本国产业规模扩张的正向推动力。一般发展中国家市场发育程度与产业规模扩展速度的计量结果基本反映了目前国际上发展中国家主体的现实，同时也印证了前文所论述的在发展中国家

第七章 发展型产业政策演化逻辑的实证检验

表7-7 三类国家静态长面板计量模型的相关检验

分区域	检验对象	原假设	统计量检验值	P值	检验结果
一般发展中国家	组间异方差	不同个体的扰动项方差相等	chi2 (25) = 3283.35	0.0000	存在组间异方差
	组内自相关	不存在组内自相关	F (1, 24) = 21.931	0.0001	存在组内自相关
	组间同期相关检验	不存在组间同期相关	Pesaran's test = 361.584	0.0085	存在组间同期相关
	变系数检验	不使用变系数模型	chi2 (96) = 264.25	0.0000	应使用变系数模型
发达国家	组间异方差	不同个体的扰动项方差相等	chi2 (17) = 185.21	0.0000	存在组间异方差
	组内自相关	不存在组内自相关	F (1, 16) = 35.760	0.0000	存在组内自相关
	组间同期相关检验	不存在组间同期相关	Pesaran's test = 665.771	0.0000	存在组间同期相关
	变系数检验	不使用变系数模型	chi2 (64) = 230.81	0.0000	应使用变系数模型
发展型国家	组间异方差	不同个体的扰动项方差相等	chi2 (17) = 149.03	0.0000	存在组间异方差
	组内自相关	不存在组内自相关	F (1, 16) = 14.952	0.0014	存在组内自相关
	组间同期相关检验	不存在组间同期相关	Pesaran's test = 414.290	0.0000	存在组间同期相关
	变系数检验	不使用变系数模型	chi2 (64) = 347.67	0.0000	应使用变系数模型

市场机制不成熟时政府应介入干预产业发展的基本结论。

第二，对于发达国家而言，由于发达国家的产业发展水平已经整体处于世界前沿水平，故不同发达国家与发达国家产业发展平均水平之间的差距并不构成本国产业规模扩张的显著影响因素。发达国家往往都是市场机制较为成熟的国家，从计量结果来看，发达国家与一般发展中国家一样，市场发育程度与产业规模的扩张速度之间呈现出较为显著的"U"形曲线关系，如表7-5所示。这意味着对于发达国家而言，在产业发展的进程中也会面临市场失灵的问题。只有通过调节型产业政策不断修正和完善市场机制，市场机制本身对产业政策规模扩张的影响才能得以持续。

第三，对于发展型国家而言，发展型国家与一般发展中国家在产业发展水平差距指标上表现类似。这说明发展型国家与先进国家之间的产业发展水平差距越大，发展型产业政策的效果会越明显，产业规模的扩张速度会越快。但在市场成熟程度指标方面，发展型国家与一般发展中国家和发达国家之间的表现却截然相反，如表7-6所示。发展型国家市场成熟程度与产业规模扩张速度之间的关系证明了本章开篇的模型设定假设。即在发展型国家起步初期，发展型产业政策的积极主动干预与市场发育之间呈现出有效的良性互动关系。市场的培育发展在发展型国家起步初期会显著地促进本国产业规模扩张的速度。但在市场发育程度达到一定的临界值以后，市场机制与发展型产业政策之间则会呈现出反向的函数关系。即产业政策本身越来越不能适应市场的需求，甚至成为阻碍市场机制深化的关键因素。与此同时，市场机制的持续发育也会造成发展型产业政策制定和实施的制度成本高，产业政策实施的整体效应由此会受到较大的削弱。

综合上述一般发展中国家、发达国家和发展型国家三类国家的产业政策影响因素分析结果来看，后发国家产业发展水平与先进国家产业发展水平之间的差距越大，产业政策的规模扩张速度会越快，产业政策绩效会越明显。但对于发达国家来说，其内部的产业发展水平差距并不构成产业政策绩效发挥差异的直接原因。由此说明，产业发展水平的差距也要在一定范围内才对产业发展形成明显的助推效应。从市场发育程度指标来看，一般发展中国家和发达国家的市场发育程度

第七章

发展型产业政策演化逻辑的实证检验

与产业政策绩效总体呈"U"形关系，即市场机制的发育只有超过某个临界点才能持续促进产业政策绩效的发挥。而发展型国家的市场发育程度与产业政策绩效之间呈倒"U"形关系，即市场机制的完善与产业政策绩效的发挥在发展型国家起步初期是同步的；在市场发育程度超过临界点之后，两者呈反向联系，产业政策与市场机制开始相互制约。

小　结

本章是对第五、第六章的发展型产业政策演化理论逻辑的进一步延伸。通过本章的分析，可以得到以下核心结论。

第一，实证表明，对于发展水平较低的发展中国家或发展型国家而言，后发国家产业发展水平与先进国家产业发展水平之间的差距越大，产业政策的规模扩张速度会越快，产业政策绩效会越明显。但在后发国家逐步接近先进国家的产业发展水平时，产业政策的绩效也会逐步消失。

第二，实证表明，一般发展中国家和发达国家的市场发育程度与产业政策绩效总体呈"U"形关系，即市场机制的发育只有超过某个临界点才能持续促进产业政策绩效的发挥。而发展型国家的市场发育程度与产业政策绩效之间呈倒"U"形关系，即市场机制的完善与产业政策绩效的发挥在发展型国家起步初期是同步的；在市场发育程度超过临界点之后，两者呈反向联系。

通过本章对一般发展中国家、发达国家和发展型国家的实证比较分析，我们可以认定发展型产业政策的演化不仅合乎理论逻辑，而且在实证领域也有坚实的支撑。

第八章　发展型产业政策的转型及对中国产业政策的分析

发展型产业政策作为后起国家赶超先进国家的一种有效手段，在特定时期对拉动一国经济增长和提升产业竞争力具有显著的作用。但正如诺斯所言，国家的存在是经济增长的关键，而国家又是经济衰退的根源。发展型产业政策从生发到演化，再到衰退，是国家力量参与产业发展的兴衰转变的缩影，同时也深刻地印证了诺斯的论断。本章在前几章分析的基础上，进一步归纳总结发展型产业政策转型的理论逻辑，并结合中国实际，阐释发展型产业政策演化的一般规律对中国产业政策的启示和意义。

第一节　发展型产业政策转型的理论逻辑

市场发展诱发的利益多元化格局与集体行动一致性之间的矛盾是导致发展型产业政策最终走向衰落和转型的基本主线。发展型产业政策走向衰退既是市场经济规律运行的具体表现，也是集体行动制度演化的逻辑必然。

一、发展型产业政策转型的内涵与必然性

发展型产业政策转型的表层含义是对原有产业政策制定和实施方式的调整，而本质含义却涉及发展型产业政策的制定理念和发展战略

第八章

发展型产业政策的转型及对中国产业政策的分析

的根本性调整。依据发展型产业政策转型的强度和效应，可以将发展型产业政策的转型划分为改善式和改革式。其中，改善式的转型仅仅着眼于近期的产业政策模式不再适应产业发展的现实需要，着眼于产业政策实施方式及相关利益集团结构层面的调整，不触及"发展主义"理念的根本性变革。而改革式的转型不仅触及产业政策实施方式、相关利益集团结构层面的调整，还涉及"发展主义"理念的根本性变革。两相比较，前者的转型在本质上仍属于发展型产业政策，后者的转型则是以调节型产业政策为目标。发展型产业政策走向转型之所以存在必然性，主要有以下五个方面的原因。

第一方面，产业发展的利益格局多元化使产业政策的制定难以获得更加一致的共识。经济的发展使得产业的分工更趋庞杂。随着产业体系日趋完善，代表不同产业门类、不同性质的利益集团快速崛起，发展型国家起步初期较为单一的利益集团被打破，进而造成集体行动越来越缺乏共识。如果说产业起步初期政府和市场共同希望通过发展改变境况是发展型产业政策生发的原因，那么利益格局的多元化将是发展型产业政策走向衰落的必然结果。集体行动无法取得共识也就意味着产业政策在制定、实施、监督和协调领域无法得到更广泛的支持，产业政策的绩效就很难得到充分发挥，产业政策的效应就会大打折扣。

第二方面，利益集团锁定并增加产业政策的"政治俘获"风险，产业政策制定和实施的政治风险增加。利益格局的多元化并非意味着利益集团可以取得完全均衡，而是基于利益集团的影响和力量差异，形成了利益集团的主次从属地位。对于力量在一段时期内占据主体地位的利益集团而言，完全可以通过政府寻租或金钱政治等多重手段占据产业政策制定的主导地位，也可以借助产业政策的实施为自身集团的发展与扩张提供合法支撑。在这种利益集团锁定并增加产业政策政治俘获风险的实践中，以日韩为代表的东亚发展型国家是典型的例子。东亚大多数国家都是政府主导的社会，政府的社会职能相当多、相当强，这就为利益集团的寻租活动创造了大量的机会和条件。利益集团借助寻租活动实现了与政府的捆绑，在此条件下制定的产业政策大多沦为利益集团攫取利益的合法工具。

第三方面，发展型产业政策的制度扭曲降低了产业发展的可持续性。如本书前文所述，发展型产业政策尽管可以带来产业规模的扩张和产业结构的不断优化，但总体上是建立在经济运行机制扭曲和损害社会总福利的基础之上的。随着产业的不断发展，原有的扭曲性机制造成的资源和环境压力与产业发展的矛盾日趋尖锐，生态环境、人口资源等要素市场的长期负重必然会极大地透支产业经济发展的可持续性，这也是促进发展型产业政策转型的直接成因。

第四方面，发展型产业政策遭遇"熊彼特创新"难题，跟随创新遭遇发展瓶颈。一般认为，社会上的组织可以划分为两类：一类是靠外部指令而形成秩序的自组织形式，称为"他组织"；另一类是不存在外部指令，仅靠组织内部规则协调而自动形成有序结构的自组织形式，称为"自组织"。发展型产业政策的实施无疑遵循着他组织的系统结构。这种组织结构的优点在于可以集中力量办大事，有利于解决产业发展过程中的宏观性、战略性问题，而缺点是不利于创新和解决不确定性问题。而发展型国家在发展赶超到一定阶段后，面临的恰恰就是如何提升国家的自主创新能力、如何解决不确定性问题等，这使得在发展型国家赶超初期可以发挥巨大动员作用的产业政策模式遭遇难以克服的困难。同时，随着与先进国家的距离越发接近，跟随创新的成本越来越高，难度也越来越大。跟随创新面临巨大瓶颈，进而使产业政策无法发挥应有的效应。

第五方面，信息搜寻和甄别的成本提升，产业政策失误的概率增大。从信息角度解释不同经济组织模式的效率是自哈耶克以来的经济学传统。掌握信息的难易程度、获取信息的成本不仅决定了经济主体的运行机制，而且决定了经济运行方式的大致走向。一般认为，发展型国家在起步初期，由于和先进国家的技术差距比较大，故可以广泛借鉴先进国家的成熟经验。先进国家的发展模式也比较容易为发展型国家所用，知识和信息的传播成本几乎为零。但随着与先进国家的技术差距越来越小，发展型国家搜寻和甄别信息的成本快速增加，并逐步成为产业政策失误的直接成因。事实上，除了发展型国家和先进国家的技术代差逐步缩小，新技术的产生和发展乃至市场的不确定性都会使原有的产业政策无法准确判断技术和市场信息的有效性。在这种背景下,产业政策对产业和技术的支持就由原来的跟随型、确定性支持走向不确定性支持,产业政策的失误概率空前增大。

二、发展型产业政策转型的条件

上述五种因素揭示了发展型产业政策转型的必然性,同时也意味着随着产业的不断发展,产业政策制定和实施的成本不断攀升,产业政策绩效的发挥存在不可持续性。如图 8-1 所示,产业政策需求曲线 L 与产业政策供给曲线 K 相交于点 H。对于这一点而言,向下是产业政策的有效区间,即通过产业政策的实施,仍然可以推动有效产出的持续增加;向上是产业政策陷阱的区间,也就是产业政策的无效区间,即通过产业政策的实施,边际产出为零。点 H 即为产业政策转型的临界点。

从经济的实际运行情况来看,产业政策转型的临界点至少包含以下三方面的内涵:一是产业发展的利益多元化使发展型产业政策的实施丧失了集体行动的可行性。即到产业政策转型的临界点之时,产业政策决策的政治外部性成本空前提高,依托小集团决策的模式已经远远难以满足利益诉求多元化的现实,进而造成集体行动不仅难以实

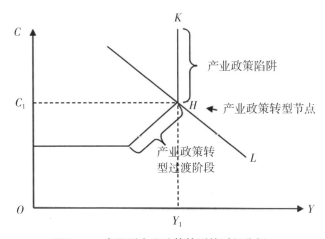

图 8-1 发展型产业政策转型的时机分析

现，而且会演变为利益结构调整的矛盾和纷争。二是高企的扭曲性制度成本削平了产业政策的增长绩效。即达到产业政策转型的临界点时，人口、资源、环境与产业发展的矛盾已经空前尖锐，产业政策的产出规模效应、结构调整效应已经为资源要素市场扭曲的成本所掩盖。在去除要素市场扭曲的成本以后，产业政策没有形成有效的产出。三是发展型产业政策的制定和实施已经不能形成有效的供给能力。即在创新和信息不确定等因素的影响下，产业政策的实施没有创新效应，只能形成低水平的重复扩张，而不能形成有效的供给能力。在上述三种情形下，发展型产业政策已经步入无效区间，必须通过谋划新的定位方能实现发展型产业政策的转型。

需要说明的是，产业政策转型的临界点并非产业政策转型的最优时机，而是产业政策由有效进入完全无效的关键时期。本质上，在进入产业政策的无效阶段之前，产业政策成本随边际产出效应呈递增发展的时期都可以作为产业转型的过渡时期。在这段时间，由产业政策诱发的扭曲性制度利益格局尚未完全形成，转型的阻力较小，转型也比较容易实施，故在此时期推动产业政策逐步转型最为有利。

三、发展型产业政策转型的方式选择和主要结果

从发展型产业政策转型的历史表现来看，究竟选择改善式的发展型产业政策转型方式还是选择改革式的发展型产业政策转型方式，一是取决于后发国家与先进国家之间的赶超距离，二是取决于利益集团的分布格局和市场力量的对比。

从历史来看，德国、美国、日本、韩国等在完成赶超先进国家以后，发展型产业政策逐步退出，转而采取调节型产业政策。而对于一些与先进国家仍有较大差距的发展型国家而言，改善式的发展型产业政策转型取向仍是这些国家的现实选择。其中最为典型的就是拉美近年来不断兴起的"新发展主义"或"后发展主义"运动，这些都是改善式的发展型产业政策转型的明证。

从发展型产业政策转型的结果来看，无论是改革式的转型取向，还是改善式的转型取向，大体走向了法制化和俱乐部化。以美国为

第八章

发展型产业政策的转型及对中国产业政策的分析

例，1890年颁布的《谢尔曼反托拉斯法》、1914年颁布的《联邦贸易委员会法》和《克莱顿法》应该是美国产业政策转型的标志性事件。一系列反垄断法的实施不仅减少了产业发展到一定阶段利益集团可能对政策的侵蚀，而且为以后维护产业政策的自主性奠定了基础。然而，美国尽管在此时期降低了联邦政府贸易保护的关税税率，矫正了宏观层面的扭曲，但产业政策却以俱乐部的形式在各州政府和地方政府中广泛实施。如弗吉尼亚州在1816年设立了用于投资公私合营的公共基金，到1860年该基金资产达到了4000万美元；宾夕法尼亚州在1844年与150家私营企业发展了合资企业，在20世纪的前40年间，提供了2亿美元的固定债务以支持私营企业的发展；马萨诸塞州则大力补贴与航运业相关的所有生产者，还对玻璃厂、棉纺厂等的建设提供免税政策。凡此种种，皆说明美国的产业政策没有在削减关税政策以后自动消失，而是由联邦政府和地方政府共同推行的产业政策转向了以地方政府为主导的产业政策。20世纪20年代，在《监管州际商业法案》等法案的推动下，地方政府在产业政策制定、实施和监管领域的自主性和自律性进一步增强。

无独有偶，德国在产业政策转型时期与美国的转型变化具有高度的一致性。在产业政策推行时期，德国政府默认了卡特尔组织的自由发展。然而在1958年以后，德国颁布推行《反限制竞争法》，削减了垄断组织在经济和社会生活中的影响。另一方面，随着产业的不断发展，德国也逐步放弃了在国家层面的产业政策干预手段，转而支持以产业协会为纽带的产业政策俱乐部组织模式。1858年以后，德国门类众多的行业协会纷纷成立，并成为德国制定行业产业政策、行业规范、市场管理制度的基本载体。日本、韩国作为东亚典型的发展型国家，其近年来的发展型产业政策演化也具有同样的趋势。

从发展型产业政策制度演化的理论来解释，发展型产业政策转型走向法制化和俱乐部化的原因主要在于：政府综合了小集团决策和大集团决策两种模式的优势，平衡了多元利益群体在产业发展中的同质化和差异化诉求，以此来最大程度地保证集体行动的一致性。一方面，随着利益格局多样化的发展，如何避免产业政策被大的利益集团捆绑是各种发展型产业政策面临的共性问题，同时也是平衡不同利益集团发展诉求的重要环节。采取全国立法的形式可以争取最广泛群体的支持，并赢得产业发展过程中各种力量的集体行动一致性。故纵观欧美主要发展型国家产业转型的历程，一般都将反垄断法作为实施产业组织政策的核心环节，其基本原理便来源于此。另一方面，采用俱乐部化的小集团决策模式可以最大程度地顾及不同产业群体的发展诉求。在这种模式下，不同性质的群体可以最大程度地实现集体行动一致性，这也就是美国和德国在发展型产业政策实施后期逐步将制定和实施产业政策的职权下放到地方政府和行业协会的原因。

值得关注的是，与欧美发展型产业政策有所不同的是，东亚特殊的文化传统和历史背景决定了其转型历程的复杂性。以韩国为例，1980年韩国也正式推行了反垄断法。但发展型产业政策的长期实施，导致制度扭曲，造成利益分布格局固化，政治力量压抑市场成长。所以从实施的效果来看，"政经愈着"、企业寻租等始终是韩国经济运行挥之不去的梦魇。尽管20世纪80年代以后，韩国积极推动产业政策向竞争性政策转型，但始终难以走出利益集团格局固化的产业政策陷阱。日本与韩国面临的问题较为类似。自20世纪90年代以来，日本尽管也制定了一系列促进产业发展的新经济政策，但产业政策的作用难改颓势，"政经愈着"、企业寻租等诸多问题使得产业政策转型成为一个难以实现的梦想。

第二节　发展型产业政策演化理论对中国的启示

中国是典型的发展型国家。基于发展型产业政策的理论逻辑分析中国产业政策的现状及发展趋势，对未来中国发展型产业政策的转型具有深刻的指导意义。

一、中国产业政策的独特性

作为20世纪90年代兴起的后发展型国家，中国在制定产业政策时，充分借鉴了从欧美到拉美，再到东亚的几乎一切发展型产业政策

第八章

发展型产业政策的转型及对中国产业政策的分析

模式,加上市场经济体制建设以前中国长期实施的计划经济产业政策模式,可以说中国集结了世界上所有政府主导产业发展的政策制定模式,构建起了世界上最庞杂的产业政策体系。在中国的产业政策中,既有发展型产业政策的一般模式,也广泛存留计划经济时期的产业政策模式。这种产业政策主要有以下四个方面的特点。

第一,中国具有世界上最庞杂的产业政策体系。作为东亚发展型产业政策的组成部分,中国产业政策毫无疑问具有一般东亚发展型产业政策的鲜明印记。然而在改革开放以前,受苏联计划经济体制影响,优先发展重工业曾是中国制定产业政策长期的主导思想。改革开放以来,中国学习东亚先进地区的经验,开始积极推行进口替代和出口导向相结合的产业政策导向。在进口替代的产业政策体系下,中国的保护关税税率较高。中华人民共和国第一部《进出口税则》规定的关税比率为52.9%,此后虽然经历了19次调整,但总体仍保持较高水平。直到2001年中国加入世界贸易组织后,关税水平才有所降低。改革开放以来,在出口导向驱动的产业政策体系下,中国围绕出口导向发展战略出台了包括外汇额度补贴、出口贷款利息补贴、出口优惠利率等一系列政策,形成了较高的出口贸易依存度。

第二,中国的产业政策具有制度的内生性。与其他国家产业政策实施的经济基础不同,中国是以公有制为主体、多种所有制经济共同发展的经济制度。在这种制度下,政府不仅具备主导经济发展的经济基础和强有力的行政力量,而且拥有最多样化的产业发展调控手段,土地、资本等一切要素资源的价格变动都可能用作产业政策调控的市场传导媒介。如果说以公有制为主体、多种所有制经济共同发展的经济制度为实施强有力的产业政策提供了可能,那么中央政府主导下的地方政府竞争模式则直接将这种可能变为现实,并且将产业政策的潜力发挥至极致。一方面,在以生产总值考核为标尺的地方政府竞争中,地方政府要想脱颖而出,就必须有参与竞争和主导地方发展的抓手,而产业政策无疑是地方政府最适宜掌控且最有效的形式;另一方面,产业政策是衔接贯彻中央经济发展意志的纽带,能否贯彻中央政府的产业政策成为中央考核地方政府的重要方面。在这种制度模式下,产业政策在中国具有与历史上所有类型的发展型国家相比更加特殊的意义和价值。在中国，产业政策已经实现了与中国经济增长模式和经济运行制度的深刻捆绑，这也是中国产业政策具有制度内生性的根本内涵。

第三，选择性、竞争性和功能性产业政策并存。在国内，有相当一部分学者认为中国目前的产业政策是典型的选择性产业政策。实质上，选择性和功能性产业政策在中国从来都没有缺位。如20世纪90年代，中国在制定钢铁、建筑、化工等领域的产业政策的同时，也在大力推行产品标准制度建设、知识产权建设、市场环境建设等，故选择性产业政策和功能性产业政策不是划分产业政策类型的根本标志。此外，还有相当一部分学者认为中国的产业政策具有浓厚的计划经济色彩，政府行政干预的力度过大，竞争性政策发育不足。实质上，我国改革开放以来，原有的计划经济模式已经渐行渐远。改革是个不可逆的过程，改革进行到目前，已经不存在计划经济全面反弹的基础，市场经济的调节作用将持续占据主导地位。从国际上看，在发展型国家起步初期，几乎所有国家都会面临产业集聚程度不高、资源浪费、国际竞争力低等问题，美国、德国、韩国、日本等概莫能外。这些国家都对一些松散的产业进行了整合，这个过程中的行政手段并非只是中国的专利，而是众多发展型国家在一定发展阶段的共同产物。此外，从中国民营经济的崛起来看，似乎并没有坚实的证据基础认定中国产业政策妨碍了市场竞争。且从中国经济发展的现实情况来看，竞争过度和竞争不足实质上是并存的，仅将竞争不足看作是产业政策的体现也是失之偏颇的，这与经济发展的现实也不符合。综上来看，用选择性产业政策、竞争性产业政策或功能性产业政策来定义中国产业政策是没有现实基础的。中国产业政策内容庞杂，上述任何一种产业政策模式都不足以完全概括中国产业政策的性质。

第四，地区与地区之间、产业与产业之间、企业与企业之间的差异极大，难以形成统一的产业政策。中国既有高度发达的东部沿海地区，也有极其落后的中西部地区；既有处于全球领先水平的产业门类，也有效率低下的落后产业；既有数量众多的具有垄断性质的大企业、大集团，也有产业内部过度的市场竞争。产业与产业之间、地区与地区之间、企业与企业之间的差异极大，全国很难形成适应各地发

第八章

发展型产业政策的转型及对中国产业政策的分析

展的产业政策。这与日本、韩国、德国等国的发展型产业政策模式迥然不同,这也决定了中国产业政策问题的高度复杂性。

二、中国产业政策的效果评价

仅将产业政策理解为财政补贴、金融贷款等形式不足以概括产业政策的全貌,也不能客观评价产业政策的绩效;而将产业政策放大为国家经济、社会、文化等多领域的发展政策,其过大的评价标尺会造成产业政策绩效的高估。最恰当的产业政策绩效评价应基于产业本身,从产业政策着力后的产业规模、结构、性质等多领域的变化来客观评价产业政策的绩效。从这个角度来评估,中国产业政策至少具有以下三个方面的效果。

第一,中国产业政策配合市场增进,达到了扩大产业规模和实现赶超的基本目的。改革开放以来[①],中国经济增长的成绩有目共睹,其中产业政策的贡献不可小觑。总体来看,尽管很多产业政策实施的成本高昂,产业政策造成的行政性扭曲较多,但整体上实现了产业规模总量的较快上升。有统计显示,在目前全球 500 多种工业制造品中,中国有 220 种工业产品的产量位居世界第一,由此也可以看出中国改革开放以来赶超战略实施的积极效果。从产业规模看,中国改革开放以来三次产业规模都有显著的扩张,年均增长基本超过 10%。从人均国内生产总值指标来看,中国与世界先进国家的距离也越来越近,如表 8-1 和表 8-2 所示。

表 8-1 改革开放以来中国产业规模变化情况

单位:元

年份	国内生产总值	第一产业增加值	第二产业增加值	第三产业增加值	人均国内生产总值
1978	3678.7	1018.5	1755.2	905.1	385
1980	4587.6	1359.5	2204.7	1023.4	468

---

① 本章主要统计 1978—2015 年的相关数据。

表 8-1（续） 单位：元

年份	国内生产总值	第一产业增加值	第二产业增加值	第三产业增加值	人均国内生产总值
1985	9098.9	2541.7	3886.5	2670.7	866
1990	18872.9	5017.2	7744.3	6111.4	1663
1995	61339.9	12020.5	28677.5	20641.9	5091
2000	100280.1	14717.4	45664.8	39897.9	7942
2005	187318.9	21806.7	88084.4	77427.8	14368
2010	413030.3	39362.6	191629.8	182038	30876
2015	689052.1	60862.1	282040.3	346149.7	50251

数据来源：根据国家统计局发布的相关数据测算得到。

表 8-2 1980 年以来中国产业规模在不同时期的年均增速情况

单位：%

年份	国内生产总值	第一产业增加值	第二产业增加值	第三产业增加值	人均国内生产总值
1980—1985	14.68	13.33	12.01	21.15	13.10
1986—1990	15.71	14.57	14.78	18.01	13.94
1991—1995	26.58	19.09	29.93	27.56	25.08
1996—2000	10.33	4.13	9.75	14.09	9.30
2001—2005	13.31	8.18	14.04	14.18	12.59
2006—2010	17.13	12.54	16.82	18.65	16.53
2011—2015	10.78	9.11	8.04	13.72	10.23

数据来源：根据国家统计局发布的相关数据测算得到。

第二，通过实施产业政策，优化了产业结构，提高了产业发展的整体竞争力。改革开放以来，中国通过大量产业政策的实施，一方面使工业化的进程显著加快，最明显的体现是第二产业和第三产业的比重显著提升，而第一产业的比重显著下降，如表 8-3 所示。这与国际产业结构调整的趋势完全一致，且工业化的速度显著高于一般的发

第八章
发展型产业政策的转型及对中国产业政策的分析

展型国家。另一方面,在经历较长一段时期的轻工业快速发展以后,以机械及运输设备为主的出口产品在中国出口总额中的比重快速提高,如表 8-4 所示。1980 年时,中国在该领域的出口比重仅为 4.65%,到 2015 年已经上升至46.59%。若将中国出口产品按照初级产品和工业制成品划分,中国目前的工业制成品比重已经超过95%,而初级产品出口的比重则由 1980 年的 50.30% 下降至 2015 年的 4.57%。一升一降,反映出中国产品结构的优化和产品全球竞争力的显著变化。

表 8-3 改革开放以来中国产业结构变化情况

单位:%

年份	第一产业	第二产业	第三产业
1978	27.69	47.71	24.60
1980	29.63	48.06	22.31
1985	27.93	42.71	29.35
1990	26.58	41.03	32.38
1995	19.60	46.75	33.65
2000	14.68	45.54	39.79
2005	11.64	47.02	41.33
2010	9.53	46.40	44.07
2015	8.83	40.93	50.24

数据来源:根据国家统计局发布的相关数据测算得到。

表 8-4 1980 年以来中国商品出口结构变化

单位:%

年份	初级产品	化学品及有关产品	轻纺产品、橡胶制品、矿冶产品及其制品	机械及运输设备	杂项制品	未分类的其他商品
1980	50.30	6.18	22.07	4.65	15.65	1.14
1985	50.56	4.97	16.43	2.82	12.75	12.48
1990	25.59	6.01	20.25	9.00	20.43	18.72

表 8-4（续） 单位：%

年份	初级产品	化学品及有关产品	轻纺产品、橡胶制品、矿冶产品及其制品	机械及运输设备	杂项制品	未分类的其他商品
1995	14.44	6.11	21.67	21.11	36.66	0.00
2000	10.22	4.85	17.07	33.15	34.62	0.09
2005	6.44	4.69	16.95	46.23	25.48	0.21
2010	5.18	5.55	15.79	49.45	23.94	0.09
2015	4.57	5.70	17.20	46.59	25.84	0.10

数据来源：根据国家统计局发布的相关数据测算得到。

第三，通过实施产业政策，培育并形成了一批引领型产业。尽管中国产业政策的实施在中国社会各界饱受争议，但毋庸置疑的是，在绝大多数新兴产业萌生的进程中，中国总有产业政策与之相配套，并迅速催生出一大批企业族群。尽管这些企业族群在日后的市场竞争中有的成功，有的失败，但不可否认的是，依靠产业政策的推力，中国在某一个产业领域总能快速崛起，新兴产业技术的广泛推广总会在产业政策的强力助推下形成市场浪潮，最终形成一定的市场优势。以国内批判产业政策失败的经典范本——光伏产业为例，在遭受欧美广泛的反倾销以后，光伏产业又在产业政策的扶持下，快速恢复并逐步占据全球光伏产业的领先地位。纵观光伏产业的发展历程，自 2004 年以来，中国光伏产业的售价能够从每瓦 30 元左右降到每瓦 2.5 元，中国光伏系统的发电成本能从每度 5 元以上降到每度 0.45 元左右[①]。这一切都离不开政府产业政策的大力扶持。除此以外，发光二极管（LED）产业也是国内批判产业政策失败的经典范本。自 2013 年以来，LED 产业是否已经在产业政策的扶持下出现产能过剩一直是学术界热议的话题。然而如今，中国已经成为世界上 LED 产业竞争力最强的国家之一。随着欧司朗、飞利浦等老牌灯具企业的衰落，全球

---

① 资料来源于范斌：《美国为什么总跟中国光伏产业过不去？》，北极星太阳能光伏网，http://guangfu.bjx.com.cn/news/20170728/839989-2.shtml。

第八章

发展型产业政策的转型及对中国产业政策的分析

LED产业正形成以中国企业为主体的市场整合。除了上述两个批判产业政策失败的经典案例以外,在高铁、通信等诸多领域的产业政策都曾饱受质疑,但这些产业领域目前又在产业政策的支持下,发生戏剧性的反转。

上述所有案例的讨论仅仅为了反思和重新客观评估产业政策的作用,并非鼓吹实施范围更广、层次更深的产业政策,或采用产业政策的方法来代替市场的作用。因为除了产业政策的正面效应以外,中国产业政策的负面效应也同样不可忽视。这些负面效应重点表现在以下两个方面。

第一,产业政策的实施使得各地产业同质化严重。杨(Young,2000:1-81)的研究发现,中国改革开放以来,大部分省市无论在制造业的产出结构还是重要产品的资本边际产出等多个方面都存在较快的收敛态势。在现实经济中,从20世纪80年代起,中国就掀起了一波又一波产业重复建设浪潮。从家用电器、汽车到电子信息、新材料、新能源等战略性新兴产业,各地的产业结构趋同,产业同质化发展越来越严重。

第二,产业政策的实施是引起中国经济波动的重要原因,也是诱发经济运行外部风险的主要因素。如果以欧美、拉美和东亚发展型产业政策为参照,中国的产业政策模式是一种综合进口替代和出口导向的复合型产业政策模式,这种产业政策模式不仅具有东亚产业政策的强扭曲、高补贴的特点,而且具有一般发展型国家贸易保护较为严重的特征。在此模式的驱动下,中国产业政策具有强烈的外部市场依赖性的特征。1978—2015年,中国的外贸依存度整体呈不断上升的态势,如图8-2所示。其中,出口依存度高于进口依存度,部分年份的中国外贸依存度甚至高达70%。与外贸依存度高度相关的是中国经济与产业外部风险的高位运行。近年来,国际形势的变动和国外"反倾销、反补贴"等活动造成中国经济呈现出高波动性的特征。而近年来中国贸易净出口对经济增长的贡献极不平稳,如图8-3和图8-4所示。

除了上述效应外,中国产业政策还具有发展型产业政策一般效应的局限性。如对"熊彼特创新"的适应性弱,长期的产业政策实施引发产能过剩严重、资源要素价格扭曲等。尤其是近年来随着资源、环境、生态等问题的日趋凸显，产业政策面临的质疑越来越多。从产业政策的成本产出曲线来看，随着中国产业的不断发展和各种约束性条件的趋紧，加上中国与发达国家的距离越来越近，中国产业政策的边际产出效应也在逐步衰减，产业政策未来的发展也面临着越来越紧迫的转型问题。

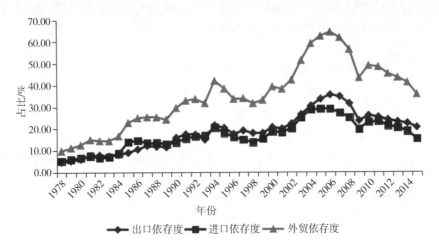

图 8-2　1978—2015 年中国贸易出口依存度变化情况

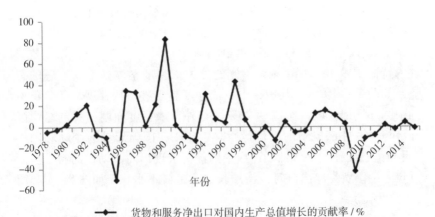

图 8-3　1978—2015 年中国贸易和服务净出口对经济的贡献率

第八章
发展型产业政策的转型及对中国产业政策的分析

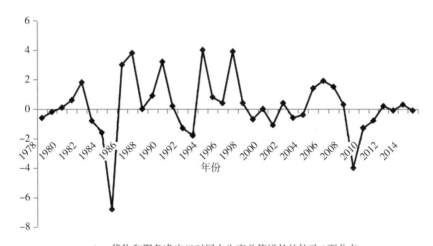

　　──◆── 货物和服务净出口对国内生产总值增长的拉动/百分点

图8-4　1978—2015年中国贸易和服务净出口对经济的拉动系数

三、中国产业政策的演化悖论

在中国特有的制度发展环境下，中国的产业政策问题面临三重悖论。

第一，中央政府的悖论。在中国的制度环境下，中央政府的产业政策悖论即中央政府既是致使各地产业政策竞争白热化的主要因素，同时也是协调和制约各地产业政策的核心主体。对中央政府而言，其基于对全球经济形势的判断和对全国产业形势的研判，制定并督促各地实施产业政策。同时，中央政府以生产总值为标尺的考核方法又促使各地加大了以产业政策为手段的地方竞争，重复建设、产业同质化等问题均是在这种制度环境下形成的。地方政府的行为反馈至中央政府，中央政府又会从抑制产业重复建设的角度再提出产业政策。如此循环，造成由中央政府与地方政府的博弈诱发的产业政策悖论一轮又一轮地上演。在中国产业政策的实施过程中，中央政府既是地方产业政策竞争的发起者，又是地方产业政策竞争的协调者和抑制者。中央政府的双重角色是中国产业政策悖论的主要根源。

第二，产业政策效应的悖论。在上述产业政策实施的制度环境下，产业政策对产业的效应表现为，它既是快速催生、壮大产业的利器，又是扼杀产业发展、诱发产业泡沫的重要因素。尤其在新兴产业萌发的过程中，由于技术、市场等多方面的不成熟，市场对新兴产业的判断没有一致性，也很难形成市场的一致性行动。而新兴产业的发展趋势一旦被政府掌握，政府便会通过产业政策释放信号，诱导市场资源重新配置。在此过程中，产业政策的信号先于市场信号或者完全替代市场信号充当了资源配置的调节器。而这种信号调整的作用毕竟与市场本身形成的信号调节有本质上的差异，所以产业政策诱发的企业一致行动深入推进时，极易造成市场信号扭曲，进而又会造成新兴产业出现波折，行业发展经历大起大落。

第三，产业政策转型的悖论。即在产业发展和制度环境的双重制约下，产业政策的转型既要满足产业发展的需求，又要面临制度的约束，转型的动力和阻力并存，且都具有极强的刚性，最终造成产业政策运行的僵化。随着产业的发展，由产业政策诱发的产能过剩成为常态。产业政策实施的成本不断上升，造成产业政策的边际产出效应快速下降，产业政策面临着转型的必然性。与此同时，在产业政策内生于赶超型制度的环境下，产业政策的实施与以生产总值为标尺的地方竞争体制深度捆绑，产业政策的退出或转型意味着对中国赶超型制度的颠覆性重构，产业政策面临着转型的强约束。归结上述制约产业政策发展的两种力量，中国的产业政策转型会面临比世界上一般发展型产业政策更大的挑战性。

四、发展型产业政策转型理论对中国产业政策的启示

以公有制为主体的经济体制、地方政府竞争的制度设计等因素使中国的产业政策较一般性的发展型产业政策具有更高的复杂性，同时也决定了强有力的产业政策形式在未来会长期存在，但这并不意味着中国产业政策的有效性可以一直持续。相反，中国的产业政策也是一种发展型产业政策。随着产业的发展，发展型产业政策不可持续的现

第八章

发展型产业政策的转型及对中国产业政策的分析

象也会在中国显现,中国的产业政策也面临着转型的总体趋势。以一般发展型产业政策演化理论为参照,结合中国产业政策的独特性,发展型产业政策对当下中国产业政策的转型启示如下。

第一,逐步弱化中央在产业政策领域的具体指导作用,强化地方产业政策的自主制定和差异化发展。中国幅员辽阔,省域众多,各省区市经济差距巨大,产业发展的基础参差不齐,产业内部的症结问题也有很多差异。在此背景下,中央统一制定的产业政策已经很难发挥有效的指导作用,反而极易造成各地竞相模仿,进而造成严重的产业同质化和产能过剩。有鉴于此,只有逐步弱化中央政府在产业政策领域的具体指导作用,方能实现各地区或各种产业自主制定符合自身实际的产业政策,产业政策实施的盲目性才能大大减弱。弱化中央在产业政策的指导作用的理论逻辑在于,地区与地区之间、产业与产业之间、企业与企业之间的利益诉求相差太大,采用集中统一的小集团决策模式已经不能满足多元化的利益诉求,化集中决策为俱乐部式的分散式决策更有利于提高产业政策对市场的适应能力。

第二,将产业政策的重心逐步由产业规模政策和产业结构政策转向产业组织政策和产业区域政策。随着产业政策的长期实施,中国产业发展的问题已经由过去的供给不足转化为供给过剩,产业结构政策也推动了产业结构逐步由工业化向服务化转化。在此背景下,如果继续推行产业规模和结构政策,产能过剩问题在长期内将更难化解,产业结构也极有可能由工业占据主体加速向空心化转化,导致产业规模政策和产业结构政策的实施空间越来越小。随着产业的不断发展,大企业和大集团的利益格局固化、中小企业发育不足等已经成为制约中国产业创新发展的根本性问题,加上长期存在的区域不平衡,非均衡发展模式的弊端越来越凸显,故将产业政策的重心逐步转移至产业组织政策和产业区域政策更符合中国产业发展的总体诉求,也符合国际上一般发展型产业政策转型的基本理论逻辑。

第三,以供给侧改革为切入点,逐步矫正诱发产业政策问题的扭曲性机制。前文指出,巴格瓦蒂准则和德美经验是一般东亚国家发展型产业政策转型的准绳。当前中国在产业领域出现的诸多问题,归根结底仍与政府主导的产业政策模式有很大关系。在此背景下,只有按照巴格瓦蒂准则和德美经验的原理，优先对产业政策造成的扭曲制度性环境进行矫正，然后结合法制厘清政府与市场的边界，确定产业政策的行为准则，方能从根本上逐步根治中国产业政策诱发的多种问题，也才是从根本上贯彻供给侧结构性改革中"产业政策要准"的基本要求。

第四，在条件成熟时推动产业政策立法，逐步将中央和地方产业政策的实施纳入法制化进程。市场经济是法制经济。综观发展型国家产业政策的演化历程，最终转型成功的大多依托于法制。只有将中央和地方的产业政策制定、实施及利益关系以法的关系确立下来，当前国内产业政策庞杂混乱的局面才有可能得到根本上的治理。但是推行产业政策立法的有效前提在于理顺政府与市场的行为和确定法制政府在产业政策领域的边界，同时也需要厘清当前中央政府与地方政府之间的利益关系及中国未来经济的增长模式。考虑到中国的产业政策内生于中国特色的制度体系安排之中，以及政府制度关联对产业政策转型的根本性制约，在推动产业政策立法时可以采用分步推进的方法：在条件较为成熟的东部地区优先推进产业政策立法，再到中西部地区，最后在条件较为成熟的时候全面推行产业政策的法制化。

小　结

本章首先介绍了发展型产业政策的理论逻辑，然后结合中国产业政策的实际，提出了中国产业政策转型的总体思路。本章核心观点如下。

第一，发展型产业政策转型的表层含义是对原有产业政策制定和实施方式的调整，而本质含义则涉及发展型产业政策制定理念和发展战略的根本性调整。依据发展型产业政策转型的强度和效应，可以将发展型产业政策的转型划分为改善式的转型和改革式的转型。其中，改善式的转型仅仅着眼于近期产业政策模式不符合产业发展的现实需要，着眼于产业政策实施方式及相关利益集团结构层面的调整，不触及"发展主义"理念的根本性变革。而改革式的转型不仅触及产业政策实施方式、相关利益集团结构层面的调整，而且还涉及"发展

第八章

发展型产业政策的转型及对中国产业政策的分析

主义"理念的根本性变革。两相比较,前者的转型在本质上仍属于发展型产业政策,后者的转型则是以调节型产业政策为目标。

第二,产业发展的利益多元化格局、产业政策的"政治俘获"风险、产业政策对"熊彼特创新"的不适应性等一系列因素造成了发展型产业政策转型的必然性,同时也决定了产业政策随着产业发展呈现制定和实施成本不断攀升的总体趋势。产业政策转型的临界点并非产业政策转型的最优时机,而是产业政策由有效变成完全无效的关键时期。本质上,在进入产业政策无效阶段之前,产业政策成本随边际产出效应呈递增发展的时期都可以作为产业转型的过渡时期。在这段时间,由产业政策诱发的扭曲性制度利益格局尚未完全形成,转型的阻力较小,转型也比较容易实施,故在此时期推动产业政策逐步转移最为有利。

第三,从发展型产业政策转型的历史表现来看,究竟选择改善式的发展型产业政策转型方式还是改革式的发展型产业政策转型方式,一是取决于后发国家与先进国家之间的赶超距离,二是取决于利益集团的分布格局和市场力量的对比。从发展型产业政策转型的结果来看,无论是改革式的转型取向,还是改善式的转型取向,大体走向了法制化和俱乐部化。

第四,中国与一般的发展型国家相比,产业政策的特殊性主要体现在:中国具有世界上最庞杂的产业政策体系。不仅选择性、竞争性和功能性产业政策并存,而且具有较强的制度内生性,地区与地区之间、产业与产业之间、企业与企业之间的巨大差异决定了中国不可能实施统一的产业政策。从产业政策的效果来看,中国产业政策具有助推产业规模扩大、产业结构优化调整和培育新兴产业发展的卓越绩效,但也造成产业发展的诸多问题。总体来看,以公有制为主体的经济体制、地方政府竞争的制度设计等因素使中国的产业政策较一般性的发展型产业政策具有更高的复杂性,同时也决定了强有力的产业政策形式在未来会长期存在,但这并不意味着中国产业政策的有效性可以一直持续。相反,中国的产业政策也是一种发展型产业政策。随着产业的发展,发展型产业政策不可持续的现象也会在中国显现,中国的产业政策也面临着转型的总体趋势。

第九章 结论与研究展望

对产业政策的研究是一个古老而又极具现实意义的话题。本书从跨期比较的视角出发，综合研究了发展型产业政策的生发、演化及转型的历史表现及逻辑机理，并结合发展型产业政策演化理论对中国产业政策的现状进行了分析。在上述几章分析的基础上，本章对全书的内容进行归纳总结，并对进一步研究的方向予以展望。

第一节 主要结论

本书的核心观点在于说明：在特定的历史情境下，发展型产业政策既是发展型国家实现发展目标的理性选择，又是发展型国家实现赶超的有效手段。但随着制度、创新、市场发展、追赶距离等多种因素的约束不断增强，发展型产业政策又逐步成为阻碍一国产业走向繁荣的重要阻滞因素。从制度的角度来说，发展型产业政策是"诺斯国家悖论"在产业领域的生动展现。围绕发展型产业政策的历史进化过程和一般发展型产业政策的制度与效应演化逻辑，本书得到以下基本结论：

第一，欧美、拉美和东亚发展型产业政策的实践表明，发展型产业政策是发展型国家赶超发达国家的有效途径。综观世界产业政策发展史，发达国家并非天生就是市场自发调节的状态，而是与当今发展中国家的产业政策一样，都是从政府对产业的强力干预起步的。欧美、拉美和东亚发展型产业政策实施的绩效都表明，只要制定符合本

第九章

结论与研究展望

国发展需求的产业发展战略，且政府具有较强的发展意志，产业政策完全可以作为后起国家赶超先进国家的有效手段。

第二，发展型国家起步初期使用发展型产业政策符合选择理性。这种选择理性主要表现为两个方面：一是在没有形成完善的市场供求条件和成熟的市场机制以前，发展型国家的供给曲线是弯曲的。在满足供给差额之前，理想的市场制度在发展型国家初期是不可能实施的。只有使用产业政策填补供给差额以后，使用市场制度的成本才会不断下降，直至形成正常的市场机制。二是虽然在发展型国家起步初期政府和企业都是有限理性的，但完全可以通过复制学习和进化博弈的过程，最终实现发展型产业政策的稳定制度建构。

第三，从进化博弈的角度来看，发展型产业政策形成的制度在产业发展的过程中并不是稳定的最优博弈结果，而会在市场发展、制度成本攀升等因素的影响下逐步偏移，最终走向产业政策效应的不断衰微。其中，制度成本的演化主要取决于产业政策决策成本和外部成本，产业政策的制定和实施相对市场发展而言是个典型的小决策集团样本。在发展型国家刚刚起步时，由于市场规模较小，企业群体的需求较为一致，故一个较为科学的产业政策实施方案需要协调的外部成本较低，加上较低的产业政策决策成本，因此产业政策实施的总成本也相对较低。此时政府实施产业政策的空间较大、阻力较小，容易形成一致的集体行动。而随着市场规模的不断扩大，厂商数量的不断增加，原有的小决策集团模式将受到外部协调成本快速增加的挑战，加上利益集团寻租成本的影响，这个时候政府实施产业政策集体行动的空间会被显著压缩。这正是发展型产业政策逐步走向衰微的深层次成因。

第四，与发达国家赶超距离的缩小和创新的不确定性加剧了发展型产业政策的衰退。随着发展型国家与先进国家的技术差距越来越小，以跟随创新为主要形式的发展型产业政策效果越来越有限。在强调自主创新发展的新阶段，以跟随创新为主要形式的发展型产业政策适应性越来越弱，持续保持跟随创新的发展型产业政策会推迟发展型国家产业由跟随创新向自主创新的转型。

除了上述主要结论，本书还提出了以下具有一定创新意义的

发展型产业政策演化的国际比较与理论逻辑

观点。

第一，比较优势作为产业政策制定的出发点的条件并不充分。在欧美、拉美和东亚发展型产业政策国际比较中，有的国家的发展型产业政策制定是基于本国的绝对比较优势，有的则不然。其中最为典型的是美国汉密尔顿的产业政策：工商立国的道路更符合美国发展的长远取向，而农业立国尽管符合美国的比较优势，却并不能为美国带来持续的繁荣。拉美、东亚也有较多不以本国比较优势为基础的产业政策。综合多种案例说明，绝对的比较优势不是一国制定产业政策的基点，更不是决定一个国家产业政策成败的标准。

第二，产业发展战略是决定产业政策成败的基本保证。从执行实施的角度来看，产业政策本身并无优劣之分，但在不同产业发展战略之下，产业政策的绩效表现迥异。因此，在国际竞争的环境下，一个国家采取怎样的发展战略是本国产业如何发展的决定性因素，产业发展政策只是发展战略的进一步落实和外在表现。产业发展战略正确，才有可能保证产业政策见效。产业发展战略错误，产业政策就会效果平平，甚至会起到遏制产业发展的作用。

第三，发展型产业政策与创新之间并无严格的线性关系。综合欧美、拉美和东亚发展型产业政策的产业创新效果来看，一个国家或地区的技术进步水平能否得到显著提高，归根结底还是由本国的自主研发能力决定的。通过贸易或外商直接投资固然可以在短期内实现技术方面的突破，但并不能带来一个国家或地区技术水平的持续增长，更不能解决一个国家长期的产业发展问题。从欧美、拉美和东亚发展型产业政策的产业创新效果分析还可以看出，发展型产业政策的实施可能会带来产业规模的快速增长，但与创新的培育并无紧密的线性关系。一个以贸易保护为代表的封闭性经济体完全可以通过自主创新体系的培育弥补贸易保护对技术进步造成的损失。

第四，发展型产业政策绩效的持续发挥须满足发展理性与政府能力的双重条件。综观三类发展型产业政策的演化历程及其实施的正反两方面经验，可以看出发展型产业政策的成功演化必须具备两方面的条件：一是发展理性，即基于本国的实际情况和国际产业发展的形势做出较为理性的判断。二是要有一定的政府能力。其中，政府能力既

第九章

结论与研究展望

包括政府的自主性，也包括政府的自律性。

第五，任何一种发展型产业政策都会带来市场机制的扭曲，在总体上都会产生降低社会总福利的现象，但这种扭曲并非都是贬义的扭曲。在产业发展的不同阶段，一些适度的扭曲对本国产业竞争水平的快速提升是有较大好处的，也有一些扭曲在后发国家产业发展不占优势的前提下实施是极有必要的。对于后起的发展型国家而言，合理利用这种扭曲是有利于经济发展的，但过分依赖这种扭曲则会为以后的产业发展埋下隐患。

第六，认为中国产业政策应从选择性产业政策转向功能性产业政策的建议并没有抓住中国产业政策问题的本质。实质上，选择性和功能性产业政策在中国从来都没有缺位。无论是中国的产业政策还是发达国家现行的产业政策，都是选择性产业政策与功能性产业政策的综合。中国的产业政策问题不是中国独有的问题，而是世界上某一类国家尤其是发展型国家所具备的共性问题。从长期来看，引导中国的发展型产业政策走向调节型产业政策才是解决中国产业政策问题的根本。

第二节 对发展型国家的启示

上述发展型产业政策理论对处于不同发展阶段的发展型国家都有较为深刻的启示。

第一，对于刚起步的发展型国家而言，发展型产业政策演化理论的价值在于，只有不断增强政府能力和优化指导本国产业发展的战略理论，才能不断增强发展型产业政策的总体绩效，才能不断缩小与先进国家的赶超距离。同时，对于刚刚起步的发展型国家而言，在选择并利用发展型产业政策制度实现经济赶超的同时，也要看到发展型产业政策形成的体制性扭曲影响，制定发展型产业政策必须要有较为系统的顶层设计能力。

第二，对于进入演化轨道的国家而言，发展型产业政策演化理论的价值在于，要深刻认识到发展型产业政策在制度约束、信息约束、创新约束等一系列约束条件下效应不断走向衰微的必然性，同时，也要针对市场机制的不断完善逐步调整发展型产业政策的着力点。要深刻认识到发展型产业政策实施到一定阶段时必然会面临艰难的制度转型问题。只有通过制度调整，不断缓解发展型产业政策固有的小集团决策模式与市场利益多元化之间的矛盾，增强发展型产业政策对市场机制的包容性，提升发展型产业政策在不同发展阶段的自主性，才能推动发展型产业政策的深入演化。

第三，对于进入转型时期的国家，发展型产业政策演化理论的价值在于，要逐步扭转发展型产业政策长期实施带来的经济扭曲，尊重市场机制对资源配置的基础性和决定性作用，逐步推动发展型产业政策向调节型产业政策转型。

综上所述，应该承认，将发展型产业政策作为一种赶超发展的工具是有效的，但决定产业持续发展的根本性力量仍是市场机制本身和市场自生的创新力量。将发展型产业政策作为一种特殊时期的制度安排是适宜的，但不能将工具当作目的。只有将产业发展的根基建立在坚实的市场机制基础之上，顺从市场发展本身的规律，产业发展才能真正走向不断繁荣。

第三节 进一步研究的方向

产业政策是个古老的话题。相较学术界浩如烟海的产业政策理论和实证研究，本研究最大的亮点在于从历史演化的维度构建了发展型产业政策的理论分析框架。采用历史的、比较的和解释学的演化经济学分析范式尽管有利于克服现代经济学分析范式中过度抽象造成的容易脱离实际、现实解释力弱等问题，却极易落入语言描述笼统、观点含混不清等弊病中。尽管本书在论述发展型产业政策的理论逻辑时极力使用严谨的数学语言对所阐述的内容进行解析，但囿于作者的模型建构水平，书中的数理逻辑推演仍与预期达到的结果有较大差距，这也是本书写作的一大症结。除了该主要问题，本书的论述还存在以下问题。

第九章

结论与研究展望

第一,"发展型国家"的精确界定和科学选取仍存在较大问题。"发展型国家"的概念界定和科学认定在本书的论述中具有极其重要的地位,然而如何科学认定"发展型国家"却是本研究面临的一大挑战。严格来说,"发展型国家"的提出源于国际政治比较学领域。将不同国家的政治比较和历史传统因素考量进来对"发展型国家"和"非发展型国家"加以区分,这本身就是一个极大的挑战。恰如在论述"什么是计划经济"时,著名经济学家萨缪尔森曾在他知名的《经济学》中论述道,"当今世界上没有任何一个经济完全属于指令经济(计划)或自由放任经济(完全市场)。相反,所有的社会都是既带市场经济的成分也带指令经济成分的混合经济。从来没有一个百分之百的计划经济或市场经济"。与之类似,"发展型国家"的科学认定也存在这种问题。世界上很多国家在一定时期可能都会存在发展型国家的要素成分,但要绝对地衡量出究竟哪个国家是个永久的发展型国家却是一个颇具挑战性的课题。从绝对维度上说,较为科学精确地厘清"发展型国家"和"非发展型国家"之间的边界较为困难,但以发展主义理念为基准,识别某些符合发展型国家典型特征的发展型国家却是一个可以操作的办法。而基于特征论述和典型国家列举正是本书阐述和认定"发展型国家"的主要方法。从理论角度来说,"发展型国家"是一类具有典型特征的国家的抽象提炼,无论采用精确的数量刻画还是采用列举阐述的方法,本质上并不影响后续理论的探讨和基本结论的形成。这可能也是解决"发展型国家"概念界定和精确量化问题的一个次优替代思路。

第二,无论构建发展型产业政策的理论模型还是实证模型,都会面临内生性的问题。恰如顾昕在分析产业政策时一针见血地论述道,"要断言产业政策对特定产业发展有因果关系,可保留之处太多,一大堆内生性问题需要克服。克服内生性问题之难,经济学家都懂得"。本书的模型构建和实证检验同样也面临着诸多内生性问题的挑战。在本书相关章节的论述中,模型和实证肯定还存在较多不合理、不科学之处,相关问题仍须在以后的研究中继续丰富完善。

从全球产业政策的研究来看,目前经济学前沿正掀起一波产业政策研究的新高潮。在国际上,近年来以罗德里克、梯若尔等人为代表的经济学大家的思想对产业政策的深层次讨论产生了巨大的影响。一代经济学大师罗宾逊曾说："综合历史证据来看，尽管还没有决定性的经济计量学结论，但这些学者关于产业政策产生了有利的因果关系的观点仍是正确的。"本书无力从学理上精准解析罗宾逊观点的科学性，但至少可以从历史演化的角度论证特定时期产业政策的运用对一个国家实现赶超发展的合理性和可行性。无论从学术前沿发展还是现实经济发展的需求来看，关于产业政策理论的讨论都有巨大的拓展空间。发展型产业政策作为产业政策理论中最具潜力的一个分支，未来仍有巨大的研究价值，而这些将成为本人后续不懈努力研究的主要方向。

参 考 文 献

包小忠，2001. 20 世纪 90 年代日本产业政策衰微的原因分析：关于日本产业政策的最新回顾［J］. 世界经济研究（4）：64-68.

贝克尔，1993. 人类行为的经济分析［M］. 王业宇，陈琪，译. 上海：上海三联书店：8.

布鲁，格兰特，2016. 经济思想史［M］. 8 版. 邸晓燕，等译. 北京：北京大学出版社：14.

陈乃醒，1989. 试论产业政策的目标效应［J］. 中国工业经济研究（2）：63-69.

陈玮，耿曙，2017. 发展型国家的兴与衰：国家能力、产业政策与发展阶段［J］. 经济社会体制比较（2）：1-13.

程俊杰，2016. 新一轮高水平对外开放与产能过剩治理：基于全球价值链的分析［J］. 学习与实践（11）：23-31.

崔校宁，李智，2016. 产业政策与竞争政策的兼容性研究［J］. 价格理论与实践（9）：42-47.

大野健一，2016. 产业政策的质量：中等收入陷阱的决定因素［M］//吴敬琏. 比较 2016 年第 6 辑：总第 87 辑. 北京：中信出版社：237-251.

费滨海，2012. 发展型产业政策与中国房地产业的变迁：1992—2012［D］. 上海：上海大学：51-52.

冯晓琦，万军，2005. 从产业政策到竞争政策：东亚地区政府干预方式的转型及对中国的启示［J］. 南开经济研究（5）：65-71.

高君成，1985. 评拉美发展主义的经济理论及其实践［J］. 拉丁美洲丛刊（2）：41-49.

耿强，江飞涛，傅坦，2011. 政策性补贴、产能过剩与中国的经济波动：引入产能利用率 RBC 模型的实证检验 [J]. 中国工业经济 (5)：27-36.

顾昕，2013. 政府主导型发展模式的兴衰：比较研究视野 [J]. 河北学刊，33（6）：119-124.

顾昕，2017. 产业政策治理模式创新的政治经济学 [J]. 中共浙江省委党校学报（1）：2，5-14.

顾昕，张建君，2014. 挑选赢家还是提供服务？——产业政策的制度基础与施政选择 [J]. 经济社会体制比较（1）：231-241.

国际货币基金组织，1989. 世界经济展望：国际货币基金组织工作人员概览 [M]. 北京：中国金融出版社.

哈耶克，1997. 通往奴役之路 [M]. 王明毅，等译. 北京：中国社会科学出版社：24.

韩超，肖兴志，李姝，2017. 产业政策如何影响企业绩效：不同政策与作用路径是否存在影响差异？[J]. 财经研究（1）：122-133，144.

韩毅，张兵，2006. 美国赶超经济史 [M]. 北京：经济科学出版社：204-205.

韩忠亮，2013. 经济扭曲与"破坏性创造"[M]. 北京：中国书籍出版社：21-22.

侯利阳，2016. 产业政策何以向竞争政策转变：欧盟的经验与上海的现实 [J]. 上海交通大学学报（哲学社会科学版）（1）：89-98.

黄汉权，任继球，2017. 新时期我国产业政策转型的依据与方向 [J]. 经济纵横（2）：27-32.

黄群慧，贺俊等，2015. 真实的产业政策：发达国家促进工业发展的历史经验与最新实践 [M]. 北京：经济管理出版社：1-30.

黄先海，宋学印，诸竹君，2015. 中国产业政策的最优实施空间界定：补贴效应、竞争兼容与过剩破解 [J]. 中国工业经济（4）：57-69.

贾根良，2015. 演化经济学导论 [M]. 北京：中国人民大学出版社：2-5.

贾康，2016. 产业政策与供给侧改革［J］. 新理财（10）：62-65.

江飞涛，2016. 日本的产业政策［M］//吴敬琏. 比较2016年第6辑：总第87辑. 北京：中信出版社：252-258.

江飞涛，李晓萍，2010. 直接干预市场与限制竞争：中国产业政策的取向与根本缺陷［J］. 中国工业经济（9）：26-36.

江飞涛，李晓萍，2015. 当前中国产业政策转型的基本逻辑［J］. 南京大学学报（哲学·人文科学·社会科学版）（3）：17-24.

江飞涛，李晓萍，2016. 应加快选择性产业政策向功能性产业政策转型［J］. 中国经济报告（12）：75-77.

江海潮，2007. 产业政策激励、产业剩余分配与产业政策效应［J］. 产业经济评论（2）：105-123.

江小涓，1993. 中国推行产业政策中的公共选择问题［J］. 经济研究（6）：3-18.

姜达洋，2016. 现代产业政策理论新进展及发展中国家产业政策再评价［M］. 北京：经济日报出版社：31-32.

姜明辉，李国峰，邵景波，1999. 从"汉江奇迹"到"IMF危机"：韩国经济发展中的产业政策评析［J］. 决策借鉴（5）：46-49.

金戈，2010. 产业结构变迁与产业政策选择：以东亚经济体为例［J］. 经济地理（9）：1517-1523.

金计初，1994. 理论与历史：发展主义与拉丁美洲［J］. 史学理论研究（3）：135-145.

金明善，1988. 战后日本产业政策［M］. 北京：航空工业出版社：10.

康凌翔，2016. 基于地方政府产业政策干预的产业转型升级模型［J］. 首都经济贸易大学学报（1）：58-66.

黎义靖，郑曼妮，2016. 实质性创新还是策略性创新？——宏观产业政策对微观企业创新的影响［J］. 经济研究（4）：60-73.

李景海，黄晓凤，2017. 产业政策的空间逻辑：异质性、选择效应与动态设计［J］. 财经科学（3）：52-64.

李斯特，1961. 政治经济学的国民体系［M］. 陈万煦，译，北京：商务印书馆：7.

李文娟, 2016. 产业政策、市场竞争与企业创新: 以中国产业政策为例 [D]. 大连: 东北财经大学: 27-34.

李晓琳, 2017. 市场经济体制背景的竞争政策基础体系解构 [J]. 改革 (3): 99-109.

李永, 2003. 动态比较优势理论: 一种新的模型解释 [J]. 经济评论 (1): 43-45, 58.

林毅夫, 2012. 新结构经济学: 反思经济发展与政策的理论框架 [M]. 北京: 北京大学出版社: 55-57.

林毅夫, 2016-11-07. 论有为政府和有限政府: 答田国强教授 [N]. 第一财经日报 (A10).

林毅夫, 张夏准, 2009. 发展中国家的产业政策是应该符合比较优势, 还是应该挑战比较优势? [J]. 发展政策评论, 27 (5): 483-502.

刘冰, 马宇, 2008. 产业政策演变、政策效力与产业发展: 基于我国煤炭产业的实证分析 [J]. 产业经济研究 (5): 9-16.

刘晨, 2008. 挑战与应战 [J]. 上海经济 (4): 7-8.

刘慷, 王彩霞, 2008. 从产业政策到竞争政策: 由日本学者对产业政策的质疑说起 [J]. 黑龙江对外经贸 (11): 12-14.

刘涛雄, 罗贞礼, 2016. 从传统产业政策迈向竞争与创新政策: 新常态下中国产业政策转型的逻辑与对策 [J]. 理论学刊 (2): 76-82.

罗宾逊, 2016. 产业政策和发展: 政治经济学视角 [G] // 吴敬琏. 比较 2016 年第 1 辑: 总第 82 辑. 北京: 中信出版社: 61-77.

钱颖一, 2017. "比较译丛" 序 [M] // 罗德里克. 经济学规则. 刘波, 译. 北京: 中信出版集团: 7.

沈开艳, 等, 2015. 印度产业政策演进与重点产业发展 [M]. 上海: 上海社会科学院出版社: 27-35.

史铭鑫, 2005. 产业政策效果的博弈分析 [J]. 前沿 (11): 39-41.

世界银行本书编写组, 1999. 全球经济展望与发展中国家: 1998/1999 年, 写在经济危机之后 [M]. 北京: 中国财政经济出版社: 152.

舒锐,2013. 产业政策一定有效吗?——基于工业数据的实证分析[J]. 产业经济研究(3):45-54,63.

斯蒂格利茨,2002. 全球化下的发展政策[J]. 盖立格期刊(2):30-47.

宋凌云,王贤彬,2016. 产业政策的增长效应:存在性与异质性[J]. 南开经济研究(6):78-93.

速水佑次郎,2003. 发展经济学:从贫困到富裕[M]. 李周,译. 北京:社会科学文献出版社:143.

孙早,席建成,2015. 中国式产业政策的实施效果:产业升级还是短期经济增长[J]. 中国工业经济(7):52-67.

孙早,席建成,2016. 市场化水平的门槛效应与差异化的产业政策[J]. 经济与管理研究(8):23-31.

谭崇台,2008. 发达国家发展初期与当今发展中国家经济发展比较研究[M]. 武汉:武汉大学出版社:125-147,488-489,646-650.

田国强,2016-10-25. 对当前中国改革及平稳转型意义重大的三个问题[N]. 第一财经日报(A10).

王君,周振,2016. 从供给侧改革看我国产业政策转型[J]. 宏观经济研究(11):114-121.

王宇,刘志彪,2013. 补贴方式与均衡发展:战略性新兴产业成长与传统产业调整[J]. 中国工业经济(8):57-69.

王云平,2017. 我国产业政策实践回顾:差异化表现与阶段性特征[J]. 改革(2):46-56.

魏枫,2012. 模仿陷阱与经济赶超:中国等后发国家低价工业化实现赶超的理论证明[M]. 哈尔滨:黑龙江大学出版社:76-78.

吴敬琏,2016a. 产业政策讨论停留在表面上打转[EB/OL]. http://economy.caixin.com/2016-11-04/101003946.html.

吴敬琏,2016b. 比较[M]. 北京:中信出版社:163,174.

吴强,1993. 经济发展中的资本积累[M]. 北京:中国金融出版社:27.

下河边淳,管家茂,1982. 现代日本经济事典:中译文[M]. 北京:

中国社会科学出版社：3.

夏炎德，1991. 欧美经济史［M］. 上海：上海三联书店：411.

萧国亮，隋福民，2007. 世界经济史［M］. 4 版. 北京：北京大学出版社：150－159.

小宫隆太郎，1988. 日本的产业政策［M］. 北京：国际文化出版公司：264.

小宫隆太郎，奥野正宽，铃村兴太郎，1984. 日本的产业政策［M］. 东京：东京大学出版会：3－5.

熊彼特，1996. 经济分析史［M］. 朱泱，等译. 北京：商务印书馆：92.

熊勇清，冯韵雯，2011. 产业政策环境适应能力的影响因素及现状分析［J］. 中国科技论坛（12）：85－92.

徐平，2012. 苦涩的日本：从"赶超"时代到"后赶超"时代［M］. 北京：北京大学出版社：6－7.

闫振坤，2016. 论转型期我国产业政策取向的转换路径：产业政策边际效应的"U 型"演进假说［J］. 现代经济探讨（7）：56－60.

闫振坤，2017. 中国产业政策的两种模式与转换取向［J］. 江汉论坛（1）：37－42.

闫振坤，潘凤，2016. 广东发展"创客经济"的 SWOT 分析及政策导向研究［J］. 科技管理研究（8）：32－36.

闫振坤，袁易明，2016. 供给侧改革背景下产业政策调整取向研究：基于深圳 725 家企业的调查分析［J］. 亚太经济（6）：131－137.

杨沐，1989. 产业政策研究［M］. 上海：上海三联书店：62－69.

杨永忠，2006. "赶超型"产业政策与市场绩效：基于东亚地区国际竞争力的比较视角［J］. 国际贸易问题（7）：53－59.

伊藤云重，1988. 产业政策的经济分析［M］. 东京：东京大学出版会：8.

于斌斌，2013. 演化经济学理论体系的建构与发展：一个文献综述［J］. 经济评论（5）：139－146.

于立，刘玉斌，2017. 中国市场经济体制的二维推论：竞争政策基础性与市场决定性［J］. 改革（1）：16－31.

余东华，吕逸楠，2015. 政府不当干预与战略性新兴产业产能过剩：以中国光伏产业为例 [J]. 中国工业经济（10）：53-68.

余明桂，范蕊，钟慧洁，2016. 中国产业政策与企业技术创新 [J]. 中国工业经济（12）：5-22.

余永定，2013. 发展经济学的重构：评林毅夫《新结构经济学》[J]. 经济学（季刊）（3）：1075-1078.

约翰逊，1984. 产业政策 [M]. 北京：美国当代研究所：5.

约翰逊，2010. 通产省与日本奇迹：产业政策的成长 1925—1975 [M]. 金毅，许鸿艳，唐吉洪，译. 吉林：吉林出版集团有限责任公司：305-307.

张东明，2002. 韩国产业政策研究 [M]. 北京：经济日报出版社：1-7.

张军，2013. "比较优势说"的拓展与局限：读林毅夫新著《新结构经济学》[J]. 经济学（季刊）（3）：1087-1094.

张明志，2016. 产业政策与竞争政策协调机制的案例研究 [J]. 公共财政研究（3）：60，81-92.

张曙光，2013. 市场主导与政府诱导：评林毅夫的《新结构经济学》[J]. 经济学（季刊）（3）：1079-1084.

张维迎，林毅夫，2017. 政府的边界：张维迎、林毅夫聚焦中国经济改革核心问题 [M]. 北京：民主与建设出版社：1-5.

张许颖，2004. 产业政策失效原因的博弈分析 [J]. 经济经纬（1）：71-74.

赵璨，等，2015. 企业迎合行为与政府补贴绩效研究：基于企业不同盈利状况的分析 [J]. 中国工业经济（7）：130-145.

周建军，2017-03-31. 美国产业政策的政治经济学：从产业技术政策到产业组织政策 [N]. 企业家日报（W03）.

周静言，2014. 俄罗斯产业政策演进与调整研究 [J]. 沈阳师范大学学报（社会科学版）（2）：76-79.

周军，2005. 市场规则形成论 [M]. 北京：人民出版社：1-7.

周叔莲，裴叔平，陈树勋，1990. 中国产业政策研究 [M]. 北京：经济管理出版社：37，39.

周振华, 1991. 产业政策经济理论系统分析 [M]. 北京: 人民大学出版社: 17.

朱天飚, 2005. 发展型国家的衰落 [J]. 经济社会体制比较 (5): 34 - 39.

ACEMOGLU D, AGHION P, ZILIBOTTI F, 2006. Distance to frontier, selection and economic growth [J]. Journal of the European economic association (4): 37 - 74.

AGHION P, et al., 2012. Industrial policy and completion [J]. NBER working paper (5): 5 - 20.

AGHION P, et al., 2015. Industrial policy and competition [J]. American economic journal: macroeconomics, 7 (4): 1 - 32.

AMSDEN A H, 1989. Asia's next giant: South Korea and late industrialization [M]. New York: Oxford University Press.

BARDHAN P, 1984. Land, labor and rural poverty: essays in development economics [M]. New York: Oxford University Press: 8.

BEASON R, WEINSTEIN D E, 1996. Growth, economics of scale, and targeting in Japan: 1955—1990 [J]. Review of economics and statistics, 78 (2): 286 - 295.

BINGHAM R D, 1997. Industrial policy American style: from Hamilton to HDTV [M]. New York: M. E. Shar Pe: 22.

BLONIGEN B A, WILSO W, 2010. Foreign subsidization and excess capacity [J]. Journal of international economics (80): 200 - 211.

EVANS P, 1997. Embedded autonomy: states and industrial transformation [M]. Princeton: Princeton University Press.

HAGGARD S, 2000. The political economy of the Asian financial crisis [J]. The institute for economics (8): 165.

HAUSMANN R, RODRIK D, 2003. Economic development as self-discovery [J]. Journal of development economics, 72 (2): 603 - 633.

HAYASHI S, 2010. The developmental state in the era of globalization: beyond the Northeast Asian model of political economy [J]. The pacific review, 23 (1): 45 - 69.

HOFF K, 1997. Bayesian learning in an infant industry model [J]. Journal of international economics (43): 409 - 436.

KRUGMAN P, 1994. The myth of Asia's miracle [J]. Foreign affairs, 73 (6): 62 - 78.

LALL S, 1994. Industry policy: the role of government in promoting industrial and technological development [J]. UNCTAD review (1): 65 - 90.

LAWRENCE R Z, WEINSTEIN D E, 1999. Trade and growth: import-led or export-led? Evidence from Japan and Korea [J]. NBER working paper (8): 23 - 24.

LEE J W, 1996. Government interventions and productivity growth in Korean manufacturing industries [J]. Journal of economic growth (1): 391 - 414.

LEWIS W A, 1995. Theory of economic growth [M]. London: Allen & Unwin.

MELITZ M J, 2005. When and how should infant industries be protected [J]. Journal of international economics (66): 177 - 196.

MONKE E A, SCOTTE P, 1989. The policy analysis matrix for agricultural development [M]. New York: Cornell University Press: 1 - 27.

MOON C I, PRASAD R, 1994. Beyond the development state: networks, politics, and institutions [J]. Governance: an international journal of policy and administration, 7 (4): 360 - 386.

NUNN N, TREFLER D, 2010. The structure of tariffs and long-term growth [J]. American economic journal: macroeconomics (2): 158 - 194.

OZAKI, ROBERT S, 1984. How Japanese industrial policy works, in Johnson [R]. San Francisco: Institute for Contemporary Studies: 47 - 70.

PEMPEL T J, 1994. The politics of the Asian economic crisis [M]. New York: Cornell University Press: 27 - 34.

PESARAN M H, 2004. General diagnostic tests for gross section dependence in panels [J]. University of Cambridge: Cambridge working papers in economics: 345.

PORTER M, TAKEUCHI H, SAKAKIBARA M, 2002. Can Japan compete? [M]. New York: Basic Books: 30 – 36.

SHAPIRO H, TAYLOR L, 1990. The state and industrial strategy [J]. World development (6): 872.

SILVA S T, TEIXEIRA A C, 2009. On the divergence of evolutionary research paths in the past fifty years: A comprehensive bibliometric account [J]. Journal of evolutionary economics, 19 (5): 605 – 642.

The World Bank, 1990. World development report [R]. Washington D. C.: the World Bank: 188 – 189.

UENO, HIROYA, 1980. The conception and evaluation of Japanese industrial policy in Sato Kazuo (ed), industrial and business in Japan [M]. New York: M. E. Sharpe: 375 – 436.

WEISS L, 1997. Globalization and the myth of the powerless state [J]. New left review (9): 3 – 26.

YOUNG A, 2000. The razor's edge: distortions and incremental reform in the People's Republic of China [J]. Quarterly journal of economics (4): 1 – 81.

后　　记

本书是在我的博士学位论文的基础上修改完善而成的。2017年年底，我满怀憧憬地走出深圳大学。如今尽管博士研究生毕业已近两年，但回首那段难忘的岁月，我仍无限思念。路遥在《平凡的世界》里说："时光静悄悄地流逝。世界上有些人因为忙而感到生活的沉重，而有些人因为闲而活得压抑。"难忘在深圳大学苦心攻读博士学位的四年多美好时光！磨难是人生的一笔无价财富。在那里，尽管学业艰辛，但岁月静好，朝气、快乐时常伴我左右。

感恩深圳大学，深圳大学是我人生中的一块福地。在那里，我收获了家庭，收获了学业，收获了友谊，收获了对生活的执着追求，收获了对学业坚忍不拔的追求与毅力；在那里，我深切读到了"蝴蝶飞走了，祝福就写在你们的翅膀"那种母校对学子的守望和即将毕业的学子写给母校的那份眷恋。

回首在深大四年多的美好岁月，我深情满怀。首先，我要特别感谢我的导师袁易明教授。袁老师治学严谨、见解独到。在深大学习的岁月里，我知道我的理论基础、论文写作水平乃至一些做事的能力与细节等诸多方面没少让他费心，但袁老师总是以他最大的热情和耐心不断包容和激励我思索前行。与很多学者"从文献到论义"的研究方式不同，袁老师总是教导我们："做经济学的首先要关注现实问题。"在目前经济学研究与实践脱节愈发严重的大环境下，袁老师严谨的治学态度和睿智的思想观点总是给人以深刻的印象。感恩袁老师，我的论文后来得以成形，离不开袁老师的严格要求与悉心指导。从袁老师那里，我不仅收获了知识和思考问题的方法，同时也历练了多方面的素质。

其次,我要感谢深大众多老师和同窗好友给予我的关心和勉励。感谢陶一桃教授、陈勇教授、鲁志国教授、高兴民教授、钟若愚教授、罗清和教授、钟坚教授、李猛教授、毛亮老师等的教学指导,感谢陶一桃教授、鲁志国教授、钟坚教授、谢圣远教授、张凯教授、伍凤兰教授等在开题答辩和博士学位论文预答辩中给予的中肯意见,同时也要感谢这些年来王曾老师、陈雄珍老师、郑思佳老师、张佩素老师等给予我们的后勤服务。感谢我的同学周文明、刘顺飞、黄永康、张晓琴、蒋剑丰、韩晓洁等,感谢一路陪伴求学,共同探讨和相互勉励;感谢我的同门张德银师兄、姬超师兄、李璇师姐、盛春红博士后、郭宏毅师妹、徐常建师弟、赖泽华师弟等。

同时,我也由衷地感谢我的父母、岳父岳母,以及我的妻子兼同班同学潘凤女士,还有我可爱的儿子聪聪,一路上有你们,为略显枯燥的学习生涯增添了好多欢乐。在博士研究生学习和论文写作的岁月里,正是你们的无私付出,让我有了一次又一次爬坡过坎的勇气和信心。

感谢中山大学出版社对本书出版的大力支持,特别感谢王旭红等编辑为本书顺利出版所做的努力。本书在撰写过程中引用了大量的珍贵文献和学术观点,在此一并表示感谢!

由于能力有限,不足之处在所难免,期待读者的批评指正。

闫振坤
2019 年 9 月于太原臻观苑